不死的探求

# 抱朴子 (下)

ISBN 957-13-1484-6

不死的探求　抱朴子㊦

# 目錄

**抱朴子㊤　不死的探求**

抱朴子(下)
不死的探求

# 九、抱朴子的養生術：辟穀、服氣與房中術

葛洪在「抱朴子」中所述的養生術，爲東晉以前神仙家論養生之法的總結，屬於博綜主義者。微旨篇說：「凡養生者欲令多聞而體要，博見而善擇，偏修一事，不足必賴也。」他的養生思想是有主有輔，而兼採衆說，因此批評偏執一說的養生法：

「好事之徒各仗其所長，知玄素之術者，則曰唯房中之術，可以度世矣；明吐納之道者，則曰唯行氣，可以延年矣；知屈伸之法者，則曰唯導引，可以難老矣；知草木之方者，則曰唯藥餌，可以無窮矣；學道之不成就，由乎偏枯

之若此也。淺見之家偶知一事，便言已足，而不識眞者，雖得善方，猶更求無已，以消工棄日，而所施用，意無一定，此皆兩有所失者也。」

由於葛洪在二十餘歲以後，有十餘年的流離歲月，遍見各地的雜散道士，因而深知道士所秘重的各種道法，都有偏修之弊；加以他師承所自，遍參道書，因而眼界較廣，見識較深，自然不同意偏執的作法。

旣然他在養生術的原則是博採衆說，「猶世主之治國焉，文武禮律，無一不可也。」他所包羅的方法，至理篇提及：「導引行氣、還精補腦，食飲有度、興居有節、將服藥物，思神守一、柱(枉)天禁戒、帶佩符印」等六大項，綜括了內養、外養及法術三類。其中前六項爲與人體有關的項目，對俗篇又舉其中四項爲例：「服丹守一，與天相畢；還精胎氣，延壽無極，此皆至道要言也。」葛洪又依憑師承所自；建立「服丹守一」的金丹道派的道法：

「夫長生仙方，則唯有金丹；守形却還，則獨有眞一，故古人尤重也。仙經曰：九轉丹金液經、守一訣，皆在崑崙五城之內，藏於玉函，刻於金札，封以紫泥，印以中章焉。」

古道經的出世常具有神秘色彩，依託於仙眞或仙境，這是道教內部自差矜重其經戒的說法。由於道法的秘傳性，葛洪所說的金丹，後世稱爲外丹，屬於煉丹術；而眞一，進一步發展爲內丹，屬於丹鼎派，都是道教最至要的道法。

因此論述葛洪養生術的大要，先要闡說其消極的原則：不傷不損，道家所論的養神之法，諸如袪情寡慾、齋心靜慮等，俱屬於養生的基本涵養，所以葛洪並不排斥老莊道家的養生說，只是批判其有所不足。「養性守一」可視爲當時道教具體化的方法，兼含宗教性的體驗：思神歷臟，行一三田，爲精神集中術的修鍊。至於養形的工夫，其消極原則也是不傷不損，故兼取衆術，尤其法術防身，更是辟禍除厄的構想；而在實際修爲上，則有辟穀食炁：凡導引吐納、行氣胎性，房中寶精均屬之。而最重要的則爲服食仙藥，金丹黃白爲至要，兼服用各類仙藥：包括礦物、動物、植物等。大體而言，葛洪的養生思想，體系完備，方法衆多，爲魏晉養生說的一大總結，對於前此諸說固博綜之，爲集大成者；更深具啓發性，影響後來道派踵事增華，發展爲更精緻的養生術，在道教史上是具有里程碑的地位。

## ㈠不傷不損，虛心靜慮

葛洪的養生思想，其基本觀念就是氣化思想，因而對於氣血與人體的關係，首要的就是強調不傷不損、虛心靜慮，這就是「抱朴子」及「肘后方」等書的病因醫學思想和預防醫學思想。㈠

在至理篇所作的廣義的病因學分析，指出「人所以死者，諸欲所損也，老也，百病所害也，毒惡所中也，邪氣所傷也，風冷所犯也」等六害，將人體多種致病因素，都歸結爲某種可知的物質性原因，這是相當科學的認識。在極言篇中，他還注意到同一病因對不同人、不同情況的不同反映：「沒有數人，年紀老壯旣同，服食厚薄又等，俱造沙漠之地，並冒嚴寒之夜……則其中將有猶中冷者，而不必盡病也，非冷氣之有偏，蓋人體有不耐者耳。」他說明「風冷與署濕不能傷壯實之人也，徒患體虛氣少者，不能堪之，故爲所中耳。」（極言）這是分別論證人體致病的素質（內因）和外界條件（外因），以及外界條件對人體素質發生作用的關係，尤其特別注意人體本身的氣血狀況，可說是病因學思想深化的結果。

「抱朴子」也對預防醫學思想有傑出的認識，他強調預防的重要，地眞篇曾闡述治身如治國的道理，這是漢晉之際「河上公注老子」常見的治身治國一體說的老學思想，將治身之術與治國之術齊一看待；㊂葛洪強調人之養生，「常如人君之治國，戎將之待敵，乃可爲得長生之功。」又說「一人之身，一國之象也……故知治身，則能治國也。夫愛其民所以安其國，養其氣所以全其身。」主張疾病未發生之前就加以消滅——「至人消未起之患，治未病之疾，醫之於無事之前，不追之於既逝之後。」從醫學思想的發展考察，葛洪是承繼「內經」有關「治未病」的思想，作進一步的發展，也是後世中醫學講究「防重於治，以防爲主」思想的雛形。

其次強調善於養生者，不傷不損，極言篇說「治身養性，務謹其細，不可以小益爲不平而不修，不可以小損爲無傷而不防。」又引仙經說「養生以不傷爲本」。他列出許多項目，類似養生寶鑑之類，提醒修道者注意「人生之體，易傷難養」：

「且又才所不逮，而困思之，傷也；力所不勝，而強舉之，傷也；悲哀憔悴，傷也；喜樂過差，傷也；汲汲所欲，傷也；久談言笑，傷也；寢息失時，傷也；挽弓引弩，傷也；沉醉嘔吐，傷也；飽食卽臥，傷也；跳走喘乏，傷也；歡呼哭泣，傷也；陰陽不交，傷也；積傷至盡則早亡，早亡非道也。」

以上所列的致傷之病，多屬日常生活中常有的現象。過度的消耗是違反養生的原則，「久則壽損」。因此他列出日常生活一些應注意的細節，作爲起居的座右銘：

「是以養生之方，唾不及遠，行不疾步，耳不極聽，目不久視，坐不至久，臥不及疲；先寒而衣，先熱而解，不欲極饑而食，食不過飽，不欲極渴而飲，飲不過多。凡食過則結積聚，飲過則成痰癖。不欲甚勞甚逸，不欲起晚，不欲汗流，不欲多睡，不欲奔車走馬，不欲極目遠望，不欲多啖生冷，不欲飲酒當風，不欲數數沐浴，不欲廣志遠願，不欲規造異巧。冬不欲極溫，夏不欲窮涼，不露臥星下，不眠中見肩，大寒大熱，大風大霧，皆不冒欲之。」

從文章風格言，這段以四字爲句的條目式文字，應是錄自他所搜集的道書；如「王喬養性治身經」三卷之類，確是簡單易行，行之有效的養生之道。

葛洪精於醫學，所閱讀的醫書也被引用爲養生之方，像「五味入口，不欲偏多：故酸多傷脾，苦多傷肺，辛多傷肝，鹹多則傷心，甘多則傷腎，此五行自然之理也。」將陰陽五行配合五味、五臟，作爲醫學的思考原則，漢人已經表現於醫書中。「素問」五臟生成篇就說：「多食鹹則脈凝泣而變色，多食苦則皮槁而毛拔，多食辛則筋急而爪枯，多食酸則肉胝䐢而脣揭，多食甘則骨痛而髮落，此五味之所傷也。」中國醫學的發展，方士、道士居功厥偉，這是歸因於他們對於養生具有深刻的認識。攝生之法，凡日常起居、偃仰運動、補瀉氣血等都是必備的常識，葛洪深信「先將服草木以救虧缺，後服金丹以定無窮，長生之理盡於此矣。」所以本草學是養生成仙的初步工夫。

葛洪論養生之方，較不喜作玄虛之談，但並不否認精神修養的重要性。莊子之論養生，多從哲理立論，將其實際的體驗提昇至心靈的自由、逍遙的境界。魏晉人士論養生，由於養神之說，莊子已多精義，又加以兩漢以下養形的醫術與方術獲得進展，因此轉而著重在養形的工夫：嵇康初發其端，葛洪承續於後，因此他們二人兼論形神的修養，對於養神之說，也從較實際的身心修養著手，這是魏晉養生說的一大特色。

對於心性的修養，首重袪除情慾的干擾：「薄喜怒之邪，減愛惡之端。」（道意）「忍怒以全陰氣，抑喜以養陽氣。」（極言）喜怒愛惡等人類的七情，會干擾內心的寧靜，將其排除，「無憂則壽」，這是從醫學觀點所作的解說，與玄學觀點解莊是不盡相同。論仙篇所說的「學仙之法，欲得恬愉澹泊，滌除嗜欲，內視反聽，尸居無心。」也是仙道觀點的養神說，與莊子所描述的心齋坐忘諸說作一比較，確有異趣。

精神的修養爲一切養生術的基礎，「抱朴子」一再以秦皇、漢武闡述養神的重要性，因爲在求仙的傳說中，秦皇、漢武以帝王之尊，而求仙不成，是道教中人需要多加辯解的事。論仙篇多方說明帝王的作爲每多違反神仙的修養術：「仙法欲靜寂無爲，忘其形骸」、「仙法欲令愛逮蠢蠕，不害含氣。」、「仙法欲止絕臭腥，休糧清腸。」「仙法欲溥愛八荒，視人如己。」而帝王則重責在身，政務煩忙，又多用心機，征伐時出；至其生活享受，烹肥煮鮮，旨嘉饜飫，根本就不合仙家的恬愉澹泊等心神的涵養之方。所以二主徒有好仙之名，而無修道之實，自不可長生。

「抱朴子」中說明道家的優點，使人精神專一，動合無形；而且高隱山林，有助修養，自敍篇說「古今之修道者必入山林者，誠欲以違遠讙譁，使心不亂也。」在葛洪的觀家中，道家隱逸之流是修道之人，也最易於得長生之道，因此他們最近於仙道：「歷覽在昔，得仙道者，多貧賤之士，非勢位之人。」富貴之人，不信不求，自是命不可延、仙不可得。從養生論史的發展考察，嵇康以至葛洪，並非是從精神之養降而求形體之養，而應該說是在莊子的養神說之上，配合當時進步的醫學技術進而作養形工夫，這是進步之處。他之所以評莊子爲不急之書，一方面是莊子全以養神說爲主，較屬玄談；另一方面魏晉談玄之士，尤多空論，故爲葛洪所批評，這是談玄風尙的一種反動。

## ㈡辟穀食氣法

仙道的養生法，首先說明辟穀法，又稱斷穀、絕穀等，爲流傳久遠的不食百穀的養生法門。在古代巫師的修行經驗中，採用斷穀不食的絕食，配合暗示的方式，在集中精神的訓練過程，常會出現恍惚狀態，因而產生幻覺，此爲原始的巫教信仰（Shamanism）。莊子據此神話與原始宗教傳統，而有「不食五穀，吸風飲露」的神人之說；而方術之士也繼續古巫的辟穀之方，辟穀行氣成爲道家、方士的修行方法。所以「呂氏春秋」載單豹辟穀行氣；「史記」載張良道引不食穀，兩漢社會辟穀食氣之風，可從馬王堆三號漢墓所出帛書中，就有「卻谷食氣」的資料，得知西漢初的情況㊂。而王充「論衡」道虛篇的批評也可得而知之，他說：「道家相誇曰：眞人食氣，以氣而爲食，故傳曰：食氣者壽而不死，雖不穀飽，亦以氣盈，此又虛也。」因為流行之故，故王充疾而刺之。至於漢末，方士者流多精於辟穀之術，且為帝王所考驗，如甘始，郤儉之流，均使用此法，而有奇效。

道教興起之後，吸收神仙、方士之術，並結合三尸信仰，進一步說明斷穀為長生之法的基礎。「太平經」就有多條提及不食或少食：

「是故食穀者命有期，不食者與神謀，食氣者神明遠，不飲不食與天地相卒也。」(太平經一百二十六)

「問曰：上中下得道度者，何食之乎？答曰：上第一者食風氣，第二者食藥味，第三者少食，裁通其腸胃。又云：天之遠而無方，不食風氣，安能疾行，周流天之道哉！又當與神吏通功，兵為朋，故食風氣也；其次當與地精并力，和五土，高下山川，緣山入水，與地更相通，共食功，不可食穀，故飲水而行也；次節食為道，未成固象，凡人裁小別耳，故少食以通腸，亦其成道之人。」(太平經第一百四十五)

太平經雖經南北朝末期重編，但其中多保存漢人的思想。所論食穀與斷穀的經驗，正是巫師、方士辟穀與民間通俗信仰的結合，深信不食、少食可產生奇特的宗教體驗。葛洪同一時期的上清經派也吸收斷穀法，魏華存所傳授的「黃庭內景經」就說：「百穀之實土地精，五味外美邪魔腥，臭亂神明胎氣零，那從反老得還嬰。」「三魂忽忽魄糜傾，何不食氣太和精，故能不死入黃寧。」(三十章)穀物本是維持身體的食物，但由於穀物也是三蟲、三尸所依賴，所以上清經派仙傳「紫陽眞人內傳」要「先服制蟲細丸，以殺穀蟲。」後來道經多說明辟穀的理由，「三洞珠囊」卷三引大有經：「五穀是刳命之鑿，腐臭五臟，致命促縮，此糧入口，無希久壽，汝欲不死，腸中無滓也。」

葛洪在「遐覽篇」著錄「黃庭經」，又有「休糧經」三卷，因此深知斷穀之法，而有「雜應篇」的寫作，引用道書之說：

「欲得長生，腸中當清。欲得不死，腸中無滓。」

「食草者善走而愚，食肉者多力而悍，食穀者智而不壽，食氣者神明不死。」

此外辨問篇有斷穀清腸、道意篇有呑氣絕穀諸說，抱朴子認爲是行氣者一家的偏說。辟穀是有效益，但只是養生法中的一種而已。他說明斷穀的方法及效用：

「斷穀，人止可息肴糧之費，不能獨令人長生也。問諸斷穀積久者，云差少病痛，勝於食穀時。其服朮及餌黃精，又禹餘糧丸，日再服三日(按日當作者)，令人多氣力，堪負擔遠行，身輕不極。其服諸石藥，一服守中十年五年者，及呑氣服符飲神水輩，但為不饑耶，體力不任勞也。」

對於斷穀的效用，葛洪採取較平實的論斷，認爲可作爲仙藥服用的補助手段；而上清經派則特別強調飮食的缺點，成爲道教飮食文化的反對觀念，陶弘景「養性延命錄」教誡編第一引用陳紀元方：「百病橫夭，多由飮食，飮食之患，過於聲色：聲色可絕之踰年，飮食不可廢之一日，爲益亦多，爲患亦切。」雜應篇認爲斷穀法的原由：「若遭世荒，隱竄山林，知此法者，則可以不餓死。」是有其時地之宜；「若未便絕俗委家，巖棲岫處者，固不成遂休五味，無致自苦，不如莫斷穀而節量饑飽。」所以不食、少食是道家的飮食文化之外的另一種養生說。

有關斷穀的傳說，雜應篇說明斷穀時，需有方法配合，大多服藥、飮符水或是食氣，乃可以令腹中有物，或補益氣血。像洛陽道士董威輦、張太元擧家及弟子及中岳道士郗元節等都辟穀而服用他物，可長久不食；一旦要食穀，就服用葵子豬膏或葵子湯使藥、石洩出，回復正常。根據葛洪自己所親見的情形：有斷穀人三年二年之久，都能「身輕色好，堪風寒暑濕，大都無肥者。」又他的老師鄭思遠，在銅山中，絕穀二年多，本性飲酒不多，卻可飲酒數斗不醉。

有關斷食的禁忌，抱朴子未加詳載，三洞珠囊引用「金簡玉字經」說：「服食斷穀者，忌食酒肉及五辛之菜，皆當沐浴潔衣燒香也。」六朝的道派逐漸具有規模之後，原有的養生術就更具有宗教色彩，這是必然的現象，尤其斷穀之法與除三尸之術，是上清經派將其合併的修道之法。

## ㈢導引吐納法

導引、行氣爲中國古代的身體文化（Physical Culture），在葛洪的書中，被納入道教的養生體系中，加以理論化，仙道化，成爲道士養生術之一。據「抱朴子」遐覽篇所著錄，導引類道書，凡有「按摩經」一卷、「導引經」十卷兩種；服氣類則有「食日月精經」、「食六氣經」、「丹一經」、「胎息經」、「行氣治病經」各一卷，凡五種，可知葛洪爲行氣導引的集大成者。

導引、行氣兩者常相提並論，比較其要點，可說導引爲人體的動作；而行氣則爲人體呼吸作用的現象及其功能，兩者之間具有密切的關係。中國最早有關導引的記載，見於「莊子」刻意篇所說「吹呴呼吸，吐故納新，熊經鳥申，爲壽而已矣。此導引之士，養形之人，彭祖壽考者之所好也。」李頤注「導氣令和，引體令柔。」就是說明導引是與行氣有關的動作，是由方術之士所遵行，而莊子後學自認爲養神，與其偏重養形者有別，從這種急於辯白的說法，可知戰國晚期養神、養形常有被一同看待的情形。「熊經鳥申」只是導引的兩個代表性動作，需輔以西漢初方士集團編纂的「淮南子」，其中精神訓說「是故眞人之所游，若吹呴呼吸，吐故內新，熊經鳥申，鳧浴蝯躩，鴟視虎顧，是養形之人也。」又多了「鳧浴蝯躩，鴟視虎顧」四個動作。這些名稱有其深刻的意義：一是基於弗萊哲（Sir Frazer），威伯司特（Webster）所說的巫術性思考原則，根據交感巫術的象徵律、模仿律，由模仿動物的動作，而傳達其神秘的力量，乃是先民觀察動物而獲致的靈感；另一層意義，則是由於先民在長期發展的身體文化中，發現最有功能的動作，依象徵性原則，賦予動物動作的名稱，強調其特點，並便於記憶。

漢初的導引實況，現在幸因馬王堆三號漢墓的發掘，而有「導引圖」的出土，㊃

凡有四十餘幅，均整齊地分繪成行，上下凡四層，每層平列十至十二人不等。圖側附有標題，字數多至五六字，少至一二字：其中可分作三類：題有病名的，如煩（心胸煩悶）、聾（耳聾）、膝痛、胠積、瘚厥、頹（癩疝）、戾中、溫病、病明；題有動物形象的，如鷂背、□狼、（鳥）伸，沐猴讙引戾中、鸇、猿墫（謼）、熊經、鶴□；及其他名稱標題的，如以杖通陰陽、仰呼、坐引八絻（維）。從導引圖可知其爲呼吸運動和軀體運動相結合的一種醫療體育方法，因而醫經如「黃帝內經」說明「導引行氣」是醫療方法之一，對於因低濕所形成的痿、厥、寒、熱等症有治療效果；其次方士之流競相倡導，而爲衆人所從，如甘陵有甘始，能行氣導引；而「衆人無不鴟視狼顧，呼吸吐納。」（典論）漢末最具突破性的是名醫華佗、張仲景也重視導引療法，尤其華佗在繼承前代有關導引的理論和實踐的基礎上，歸結爲五種方法，名爲「五禽戲」，即虎戲、鹿戲、熊戲、猿戲、鳥戲，由於它能比較全面地概括了導引療法的特點，而且簡便易行，因此對後代醫學和保健有推進的作用。他還提出導引的理論，說「人體欲得勞動，但不易使極耳。動搖則谷氣得消，血脈流通，病不得生，譬猶戶樞，終不朽也。」、「爲導引之事，熊經鴟顧，引挽腰體，動諸關節，以求難老。」（後漢書本傳）都能在科學的方法上促進人體的健

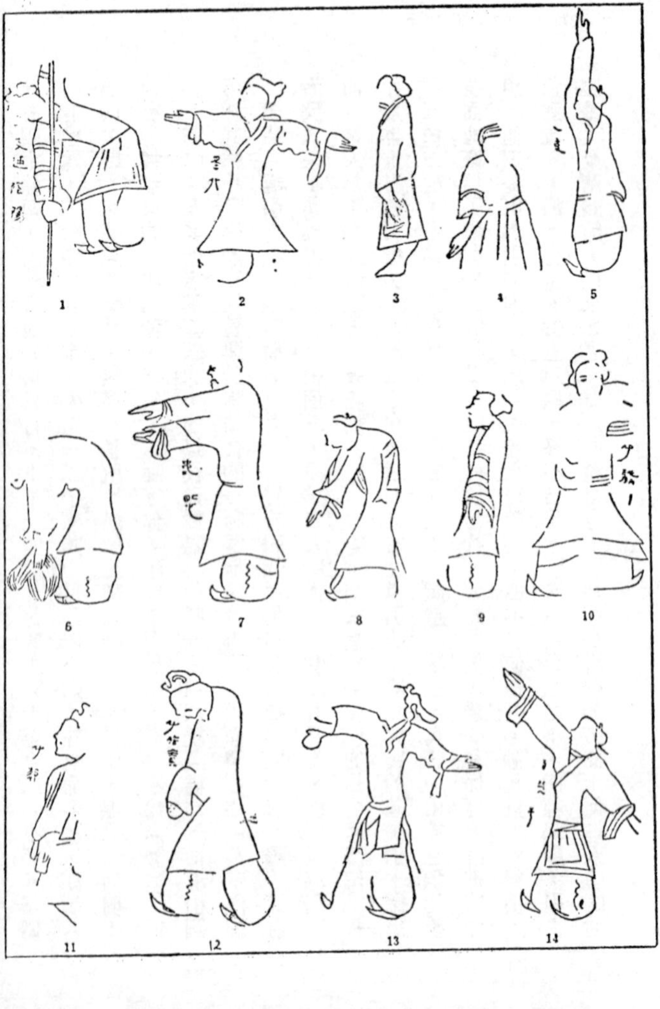
1
2
3
4
5
6
7
8
9
10
11
12
13
14

信
15
16
17
18
19
20
21
22
23
24
25
26
27
28

馬王堆三號墓出土的帛畫／氣功强身圖局部

康。

葛洪吸收前此的導引圖籍，其中是否有「漢書藝文志」所著錄的「黃帝雜子步引」十二卷，「黃帝岐伯按摩」十卷的成分，已不可知。但強調導引爲養生之一法，微旨篇說：「知屈仲之法，則曰唯導引可以難老矣。」至理篇也提及華佗之法：

有吳普者，從華陀受五禽之戲，以代導引，猶得百餘歲。此皆藥術之至淺，尚能如此，況於用其妙者耶？

從金丹道的立場，雖不承認導引術可以長生，但確可延年。現傳「於朴子別旨」應是後人整編之本，其中提到許多動作名稱；像伸屈、俯仰、行臥、倚立、躑躅、徐步、吟息等動作，與「雜應篇」所說聽耳之道的龍導、虎引、熊經、龜咽、燕飛、蛇屈、鳥伸、天俛、地仰、猿據、兎驚等名稱，都與導引有關，可作爲治療的運動。因爲「導引療未患之疾，通不和之氣。動之則百關氣暢，閉之則三宮血凝，實養生之大律，祛疾之玄術。」（別旨）功效甚大，不止聽耳而已。

葛洪之後，導引行氣爲道士養生之法，陶弘景有「導引養生圖」一卷，隋志醫方有「導引圖三卷」（立一、坐一、臥一）；隋巢元方等編「諸病源候論」引「養生方導引法」等導引書，對各種疾病所應用的導引，有近三百種體式及操作法，其中摹擬動物的名稱，如龍行氣、蛇行氣、蝦蟆行氣、督行氣、雁行氣等，都是由導引術衍生的。張君房編「雲笈七籤」卷三四引「太清導引養生經」也有蝦蟆行氣法、龜鼈行氣法等。大概有關導引的導引圖、導引書都在六朝逐漸增益而成，越變越複雜，至隋唐以後，衍化派生出的各種保健運動方式，尤爲繁複，如八段錦、十二段錦；及與拳術結合，而有太極拳等拳法，成爲氣功、拳術的各種體式。㊄

大概說來，導引是結合呼吸運動、軀體運動而形成的醫療體育方法，與方士、道士的養生術有密切的關係，但也是普遍化的運動，可以治病療疾，可以鍛鍊氣功。由於道教中人對於氣的深刻認識，加以追求長生的理想，從葛洪綜合其方法以後，江南道教或華北道教均曾倡導服氣導引法，更可見道教對中國傳統的身體文化的貢獻。

## ㈣行氣胎息法

中國氣功修煉的技術是獨特的身體文化，它與導引有關，但偏重於氣的鍛鍊，目前所知最早的資料，是戰國初期的一篇「行氣玉佩銘」，刻在一十面體小玉柱上，銘文凡四十五字，釋文是：

「行氣，深則蓄，蓄則伸，伸則下，下則定，定則固，固則萌，萌則長，長則退，退則天。天几舂在上，地几舂在下。順則生，逆則死。」（三代吉金文存卷二〇）

這段銘文疏釋後，可以知道當時行氣運動的全部過程和作用，大意是說：吸氣深入則多其量，使它往下伸長，伸長則定而固，然後呼出，如草木之萌芽，往上成長，與深入時的經路相反而退進，退到絕頂。這樣，天機便朝上動，地機便朝下動。順此行之則生，逆此行之則死。㈥可知當時對氣的體認已頗深刻，在導引術中常出現「吹呴呼吸」、「吐故納新」等詞句，都是運動呼吸，已漸成專門之學。兩漢時期服氣、導引爲道家、方士的養生術，太平經認爲最上的度世法就是食氣；而且老子河上公注，及相關的老學：諸如老子想爾訓、老子節解經也多強調服氣法。

葛洪在極言篇闡述氣對人體的重要性說：

或年老為道而得仙者，或年少為道而不成者，何哉？彼雖年老而受氣本多，受氣本多則傷損薄，傷損薄則易養，易養故得仙也。此雖年少而受氣本少，受氣本少則傷深，傷深則難救，難救故不成仙也。

氣即是維繫人命的根本，因此如何長養、補益之道，就成爲葛洪所關切的養生術。他舉出一原則性的問題：「吐故納新者，因氣以長氣，而氣大衰者則難長也。服食藥物者，因血以益血，而血垂竭者，則難益也。」行氣、服氣正是因氣以長氣的方法。至理篇說服藥雖爲長生之本，若能兼行氣，則效果更快，所以行氣是補助的手段。

「抱朴子」著錄多種行氣的道書，但抄錄於書中的只有一段，也是早期有關行氣法的珍貴資料：

初學行炁，鼻中引炁而閉之，陰以心數至一百二十，乃以口微吐之，及引之，皆不欲令已耳聞其炁出入之聲，常令入多出少，以鴻毛著鼻口之上，吐炁而鴻毛不動為候也。漸習轉增其心數，久久可以至千，至千則老者更少，日還一日矣。夫行炁當以生炁之時，勿以死炁之時也。故曰仙人服六炁，此之謂

也。一日一夜有十二時，其從半夜以至日中六時為生炁，從日中至夜半六時為死炁，死炁之時，行炁無益也。（釋滯篇）

這段行炁的練習法，特別提到生炁、死炁的時間，是基於中國人對宇宙的觀察，宇宙之氣充滿生命力。因而人的修煉需與之配合，遵循宇宙循環的原則，這是中國哲學有機的宇宙觀。三洞珠囊卷三引三皇齋儀說：「修道之人，日中一食，夜半生時食時食此。日夜兩食，皆取生炁時，避死炁時也。」也是同一構想，現代身心醫學依據地球與人體的關係，有科學的解說；而古之道士者流則依據經驗，深刻體驗大氣的運行與生理的密切關係，爲一種呼吸生理學（pneamatic phisiclogy）㈦。當時的煉氣士還特別創造一「炁」字，表明先天之氣發動之後的狀態，以與一般的「氣」有所區別。至於行氣的禁忌，他也注意到：凡有心情安靜，戒多躁；不欲多食及食生菜肥鮮之物，以免炁強難閉；禁恚怒，否則炁亂、發欬；又需知陰陽之術，以免勞損，行氣難得力。這些都是極爲合於氣功修行的生理知識，至今仍爲煉氣家所奉爲座右。

有關行氣、服氣的理想，就是「胎息」——得胎息者，能不以鼻口噓吸，如在胞胎之中，則道成矣。胎息，也就是龜息，從巫俗觀點論，近於原始巫術性思考原則，模仿動物而傳達其功能，就是對俗篇所說的：「知龜鶴之遐壽，故效其導引以增年」、「學其導引以延年，法其食氣以絕穀。」所用「效」、「學」、「法」就是「模仿律」的原則。葛洪從方術秘笈中相信龜鶴是長壽之物：

玉策記曰：千歲之龜，五色具焉，其額上兩骨起似角，解人之言，浮於蓮葉之上，或在叢蓍之下，其上時有白雲蟠蛇。千歲之鶴，隨時而鳴，能登於木，其未千載者，終不集於樹上也，色純白而腦盡成丹。如此則見，便可知也。然物之老者多智，率皆深藏邃處，故人少有見之耳。

類此敍述自是已經神化，而形成一種信念。本來交感巫術就是基於信念所形成的一種原始的素樸的思考方式。但龜鶴的長壽，與呼吸的緩慢有關，爲近人皆知的科學的證驗。

葛洪的徵驗法，多採自載籍，如引述史記之言：

史記龜策傳云：江淮閒居人為兒時，以龜枝床，至後老死，家人移床，而龜故生。此亦不減五、六十歲也，不飲不食，如此之久而不死，其與凡物不同亦遠矣,亦復何疑於千歲哉?仙經象龜之息,豈不有以乎?

有關龜能長壽,爲筆記小說常見的記載,古人經由觀察得知,因此興起「象龜之息」的養生術。「抱朴子」所記模仿龜息之事凡有二種:一見於對俗,一見於佚文,事蹟相似,可以互證:

故太丘長潁川陳仲弓,篤論士也。撰異聞記云其郡人張廣定者,遭亂常避地,有一女年四歲,不能步涉,又不可擔負,計棄之固當餓死,不欲令其骸骨之露。村口有古大塚,上巔先有穿穴,乃以器盛縋之,下此女於塚中,以數月許乾飯及水漿與之而舍去。候世平定,其間三年,廣定乃得還鄉里,欲收塚中所棄女骨,更埋殯之。廣定往視,女故坐塚中,見其父母猶識之甚喜。而父母猶初恐其鬼也,父下入就之,乃知其不死。問之從何得食,女言糧初盡時甚饑,見塚角有一物,伸頸吞氣,試效之,轉不復饑,日月為之,以至於今。父母去時所留衣被,自在塚中,不行往來,衣服不敗,故不寒凍。廣定乃索女所言物,乃是一大龜耳。女出食穀,初小腹痛嘔逆,久許乃習,此又足以知龜有不死之法,及為道者効之,可與龜同年之驗也。(對俗篇)

城陽郗儉少時行獵，墮空冢中饑餓。見冢中先有大龜，數數迴轉，所向無常，張口呑氣，或俛或仰。儉亦素聞龜能導引，乃試隨龜所為，遂不復饑。百餘日，頗苦極。後人有偶窺冢中，見儉而出之。後竟能咽氣斷穀。魏王召置土室中，閉試之，一年不食，顏色悅澤，氣力自若。（藝文類聚七十七，御覽七百二十，又九百三十一。）

所謂試效之、試隨其所爲，爲模仿律。而實際的氣功修練也證明，經明師指點之後，經由入靜、集中精神及深呼吸，形成深、悠的吐息，進入潛呼吸的狀態。人體自然前伏如龜狀，而氣息深潛，獲致類此胎息的現象，這是科學家已證明的身心醫學。

服氣術在六朝的發展，是極可注意的一項成就，因爲原有的服氣傳統，經道教的深化，又吸收印度輸入的佛經服氣法，成爲更具體系的養生術。上淸經派的黃庭內景、外景經及後出的中景經；闡述服息與身體經絡的關係，而陶弘景時，以茅山爲中心的江南道教，在他所撰集的「眞誥」、「登眞隱訣」中，就有多種服氣的神仙術。陶氏本人就善於辟穀導引之法，年逾八十而有壯容；北魏寇謙之所倡行的華北道教，雖在淸整天師道，排除房中術，卻倡行服氣、導引、辟穀的養生術。寇氏本人在崇山修道，就曾見太上老君，授以服氣導引之訣，故能辟穀，氣盛體輕。服氣爲南、北道法中共同重視的養生術，至孫思邈時，有推步導養之術，在「備急千金要方」載有調息導引法，「道藏」所錄有「存神鍊氣銘」、「保生銘」、「採眞人攝養論」，都有行氣調息之說。「雲笈七籤」輯錄服氣胎息法多種：卷三五胎息法、卷五八茅山賢者服內氣訣、胎息根旨要訣、胎息口訣、卷九九大威儀先生玄素眞人要用氣訣，可謂爲集大成。金元以後道教南北宗所倡行的修行法，更發展出一套精緻而高深的煉氣煉丹的道法。

## (五)寶精行氣法

房中術爲葛洪養生術之一，與行氣有關，也屬於補助修煉、避免勞損的陰陽之術。房中術的源流，大多依託於古帝王或方士，見於史志，則漢書藝文志所著錄已有房中八家，百八十六卷之多。其中容成陰道等在東漢方士之間極爲盛行，「後漢書」方術家傳記所載：冷壽光，「與華佗同時，壽光年可百五六十歲，行容成公御婦人法。」（華佗傳）又有「甘始、東郭延年、封君達三人者，皆方士也。率能行容成御婦人術，或飲小便，或自倒懸，愛嗇精氣。」（甘始傳）大概房中術爲宮闈秘法，漢朝、尤其東漢諸帝多不長壽，特別講究此類御女之法。但方士者流則以之爲導養術，葛洪所搜集的「玄女經」、「素女經」、「彭祖經」、「陳赦經」、「子都經」、「張虛經」、「天門子經」及「容成經」等，凡八種，據釋滯篇所說：房中之法十餘家、房中之術還有百餘事，則他搜羅的確有多種。

房中術的倡行，據漢志所說是節制以求健康的方法，「房中者，性情之極，至道之際，是以聖王制外樂，以禁內情，而爲之節文。傳曰：先王之作樂，所以節百事也。樂而有節，則和平壽考，及迷者弗顧，以生疾而隕性命。」葛洪所錄的傳說中，一爲黃帝與玄素二女，一爲彭祖：極言篇說「黃帝論導養則資玄素二女」微旨篇又有御千二百女昇天之說；而彭祖則有殷王遣綵女從受房中之術之說。所以房中家都有依託於此數人的書名。葛洪對於房中術的態度，全基於養生的立場，他承認「男女飲食，人之大欲存焉。」（辨問）因而需正視其道，節制而有法，自有輔養、順暢的效益：

「陰陽不交，則坐致壅閼之病，故幽閉怨曠，多病而不壽也。任情肆意，

又損年命，唯有得其節宣之和，可以不損。」（釋滯篇）

「人不可以陰陽不交，坐致疾患。若欲縱情恣欲，不能節宣，則伐年命。善其術者，則能却走馬以補腦，還陰丹以朱腸，采玉液於金池，引三五於華梁，令人老有美色，終其所稟之天年。」（微旨篇）

對於人的本能，仙道中人採用這種節宣的態度，是合理的。他引用「玄素諭之水火，水火煞人，而又生人，在於能用與不能耳。」是相當精譬的比喻。

對於養生家，懂得運用房中術，可以補益，所謂「房中之法十餘家，或以補救傷損，或以攻治衆病，或以采陰益陽，或以增年延壽，其大要在於還精補腦之一事耳。」（釋滯）有關還精補腦的效用，依葛洪的金丹道立場，「高可以治小疾，次可以免虛耗而已，」（微旨）而不能致神仙。因此，對於房中之事，「可單行致神仙，并可以移災解罪，轉禍爲福」諸說，一律斥之爲「巫書妖妄過差之言」或「姦僞造作虛妄」。這是因爲房中之法，「乃眞人口口相傳，本不書也。」（釋滯）因而口訣多不流傳，不易盡知其秘，連他承鄭師之言，也僅知大要而未盡其訣。所以寶精行氣都是神仙家的主要之法，但葛洪在「抱朴子」中也只提示原則，而不宣示其訣要。

神仙家對於性的態度，基於氣爲人身之寶的養生觀念，誠如葛洪所說「寶精愛炁，最其要也。」（微旨）漢晉之際，愛養精氣之說爲通行之說，老子學派中「老子河上公注」「想爾注」都以神仙家闡述老子，一再強調嗇精、愛精的觀念。㈧天師道在傳教時，由於以蜀漢地區的民衆爲對象，大多因人的本能加以節宣，教導相關的技術，以適應庶民生活。但南北朝清整運動時，拯於佛教中人常以「男女合氣之術」爲攻擊的目標，因而加以修正：北魏寇謙之高擧新天師道，對於舊法中的男女之術極力剖擊；而陶弘景在「眞誥」中一再說明男女合氣、中黃之道只是中下的修行法，所成的仙眞也只是穢濁之仙，並非高眞。因爲上淸經派講究淸修，自不滿房中諸術。大概房中術本可作爲人體的醫學，日本丹波康賴撰「醫心方」所雜引的，經葉德輝輯於「雙梅景闇叢書」，猶可見其概；至於道教所倡陰陽雙修，猶有其餘法，但均不爲正統道派所重視。

## 附註

㈠ 丁貽庄，「試論葛洪的醫學成就及其醫學思想」，刊於「宗教學研究論集」。

㈡ 參拙撰，「魏晉南北朝文士與道教之關係」（臺北、政大中文所博士論文，民國六十七年）頁五八—一二八。

㈢ 唐蘭，「馬王堆帛書《却穀食氣篇》考」，「文物」一九七五篇第六期。

㈣ 中醫研究院醫史文獻研究室，「馬王堆三號漢墓帛畫導引圖的初步研究」、「文物」一九七五年第六期。

㈤ 參蘇雄飛，「五禽戲的歷史和動作」，刊「國民體育季刊」四五期（民國六十九年六月）樊正治，「論吐納導引」，刊「亞洲體育」三卷一期（民國六十九年一月）坂出祥伸，「導引考」刊於「池田末利博士古稀紀念，東洋學論集」（一九七八）

㈥ 郭某，「古代文字之辨證的發展」，刊「考古」一九七二年三期，轉引自「馬王堆三號漢墓帛畫導引圖的初步研究」

㈦ 馬伯樂（Magpuro）原著，川勝義雄譯「道教」（日本，東海大學，一九六六）頁九八—九九；又李約瑟「中國科學與文明」二册，頁二二三。

㈧ 拙撰，「魏晉南北朝老學與神仙養生說」，見「魏晉南北朝文士與道教之關係」。

# 十、抱朴子的服食說：金丹與仙藥

葛洪的養生既是採取博綜主義者，「蓋藉衆術之共成長生也。」因而微旨篇說衆術中有小有大，其至要之大者，地眞篇指出凡有兩種：就是金丹與眞一，守眞一之術是守形卻惡的法術，而「長生仙方，則唯有金丹。」在「抱朴子」中，他一再表明其金丹道的立場，認爲金丹是至上的長生之方，極言篇說：「不得金丹，但服草木之藥，及修小術者，可以延年遲死耳，不得仙也。」微旨篇也在比較衆術中，認爲兼知衆術外，仍以金丹爲至要之事，所以論葛洪的養生術，自需熟知其煉丹術。

中國煉丹術的發展在前道教時期已有長遠的歷史，戰國晚期還在尋求海上的不死藥或上泰山封禪，到漢期已逐漸有方士以人工製造黃金的構想，淮南王劉安的方士集團，漢武帝所眷寵的方士均爲煉丹的先驅，而且已漸有煉金的秘籍流傳。劉向據傳說既有之，且曾試鍊。東漢末葉是具有突破性發展的階段：魏伯陽所撰「參同契」，就是寶貴的煉丹紀錄，他提及有「火記」等一類圖籍；最值得注意的是左慈所傳下的金丹道法，經葛洪保留在金丹篇、黃白篇的資料，是目前所知最可靠的煉丹史料。依據他們聽聞的煉丹、煉金事蹟，漢末已有道士嘗試煉丹、煉金：諸如成都內史所說的道士李根，在四川一帶煉丹，「神仙傳」所載張陵得九鼎丹法、作太清金液神丹經序等事，不一定可靠，但反映出四川有煉丹之事。又有漢黃門郎程偉好黃白術，娶方家女爲妻，能化作水銀；又有廬江太守華令思能銷鉛化作水銀。再配合仙傳如馬明生眞人傳、陰眞君傳所載的丹經，可以推知東漢已有變化劣金屬爲貴金屬的技術，從四川到江北一帶，均曾秘密流傳。㈠

葛氏的金丹道傳統正是從左慈傳下，句容地區的上清經派也曾提及神丹之事，魏華存是避難南下，除了黃庭經注等，楊、許所知的神丹方應也是從江北帶來的，依「眞誥」所錄，它的成仙功效還在大洞眞經之下。葛洪則特別重視金丹道統，在金丹、黃白兩篇中一再強調其師承，可見他是極尊重左慈傳授丹經一事：

昔左元放於天柱山中精思，而神人授之金丹仙經，會漢末亂，不遑合作，而避地來渡江東，志欲投名山以修斯道。余從祖仙公，又從元放受之。凡受太清丹經三卷及九鼎丹經一卷、金液丹經一卷。余師鄭君者，則余從祖仙公之弟子也，又於從祖受之，而家貧無用買藥。余親事之，灑掃積久，乃於馬迹山中立壇盟受之，并諸口訣訣之不書者。江東先無此書，書出於左元放，元放以授余從祖，從祖以授鄭君，鄭君以授余，故他道士了無知者也。

左慈精思得經的天柱山，凡有多處：有在浙江省餘杭縣西的，爲天下七十二福地之一；又有安徽省潛山的最高峯；在江北的則有山東平度縣北、陝西山陽縣東南等。神仙傳、後漢書說他是廬江人——廬江也有多處，均在今安徽省境：在今廬江縣西、或今潛山縣，都是漢時所置。從他的籍貫所在，較近的精思之處應指江南的二處天柱山。將金丹仙經的出世託諸神授，自是道教內部的神秘說法，應是他在安徽、浙江一帶所搜得的煉丹秘笈。其後曾挾技周遊各地，曾爲曹操所招，又曾在荆州，劉表以爲惑衆要殺他，因而渡江至孫吳，孫策先要殺他，後來爲孫權所禮重，㊁傳授丹法應該是在東渡之後。左慈因江北不適煉丹作藥才渡江，後來果然有機會試煉，黃白篇說：「余昔從鄭公受九丹及金銀液經，因復求受黃白中經五卷。鄭君言，曾與左君於廬江銅山中試作，皆成也。」鄭思遠曾與左慈在廬江銅山試煉——銅山也有多處；在江蘇、浙江、江西等，但也可作產銅之山解。由此可知左慈傳下的丹法，是具有實際操作的作業，並非只是理論。

葛洪頗爲自得於丹經的傳承，但在撰述「抱朴子」之時，他並沒有很多實際的試煉經驗。因爲金丹的燒煉，需要備妥衆多資財，才能夠製作丹爐，購置材料；對於一般道士，是一件行之匪易的事。金丹篇說鄭思遠傳授丹經後，「余受之已二十餘年矣，資無擔石，無以爲之，但有長歎耳。」黃白篇更進一步說自己之所以勤勤於翰墨，令將來有好奇賞眞之士見之而具論道之意，就因親身體驗，「貧苦無財力，又遭多難之運，有不已之無賴，兼以道路梗塞，藥物不可得，竟不遑合作之。」這是當時的實情，想要合作丹藥，非平常道士所能完成，鄭思遠就曾以諺語：「無有肥仙人、窮道士」，勉勵其他一般道士要獲得金銀之不易，所以設法採取賤金屬以煉金或煉丹，爲重要的事。

葛洪在「抱朴子」所整理的煉丹資料，大多是左慈、鄭思遠實際操作的經驗，而非他自己所實踐而得，直到晚年入羅浮山才展開較具規模的煉丹，在此之前，只有小規模的試煉。依書中所列，一爲治金術的、化學的實驗，研製藥用的人造黃金或白銀，二爲醫學的、礦物學的工作，利用各種無機物（包括金屬和礦物），經化學處理，製作長生之藥。葛洪曾廣泛說明其煉製的準備情形、理論依據，及煉製方式與結果，爲中古世紀珍貴的煉丹史料。

## ㈠煉丹的禁忌、名山與醮祭

煉丹、煉金之術雖是中古世紀的化學操作，但在科學萌芽的時代，由於複雜的化學變化尚非人力所能控制，在這情況下，需要借助於宗教、法術等的幫忙，用以滿足其心理的需要。因而煉丹的擬科學（pseudo-science）作業常與宗教、法術結合在一起，成爲極具神秘色彩的事情。葛洪之前煉丹士就以神聖而愼重的態度展開試煉，到他的手中更進一步與其他方術配合，博採衆要，形成一套繁複的冶煉程序，這是研究早期煉丹史、化學史所需知的社會、文化背景，有助於瞭解科學史在演進的過程中，是如何得益於宗教、法術，又如何從宗教的迷霧中，逐漸走向實證的、較精確的科學之路。

煉丹一事，在煉丹士的觀念中卽是神聖的作業，故講究其儀式性。金丹篇強調從事煉丹，除需用錢，「又宜入名山，絕人事。」爲何要這樣愼重其事，實出於巫術性的思考原則，將煉丹視爲神秘、潔淨的儀式行爲。因而首先要遠離俗人，明本篇詳細闡說爲道之士，莫不飄渺絕迹幽隱山林的原因：

「山林之中非有道也，而為道者必入山林，誠欲遠彼腥膻，而卽此清淨也。夫入九室以精思，存真一以招神者，旣不喜諠譁而合污穢，而合金丹之火藥，鍊八石之飛精者，尤忌利口之愚人，凡俗之聞見，明靈為之不降，仙藥為之不成，非小禁也。止於人中，或有淺見毀之有司，加之（當脫以字）罪福（當作禍）；或有親舊之往來，牽之以慶弔，莫若幽隱一切，免於如此之臭鼠矣。」

這是一段顯豁的說明：因爲修道煉丹自有異於常人常事之處，故易爲人詑爲怪誕，招惹不必要的麻煩，爲實際的考慮；至於神明降臨之事，則與巫術、法術的隱秘性有關，不欲不潔之人汚染修眞之地，這是與「禁忌」（taboo）觀念有密切的關聯。對俗篇說：「仙道遲成，多所禁忌」，禁忌爲煉丹作業的消極方面需知之事，所以金丹篇首列爲「第一禁」：

「第一禁，勿令俗人之不信道者，謗毀評毀之，必不成也。鄭君言所以爾者，合此大藥皆當祭，祭則太乙元君、老君、玄女皆來鑒省。作藥者若不絕跡幽僻之地，令俗閒愚人得經過聞見之，則諸神便責作藥者之不遵承經戒，致令惡人有謗毀之言，則不復佑助人，而邪氣得進，藥不成也。」

俗人毀謗，迕逆諸神，爲第一禁。其次則忌精怪犯之，壞人好藥，爲左慈告誡鄭思遠的話：

「言諸小小山，皆不可於其中作金液神丹也。凡小山皆無正神為主，多是木石之精，千歲老物，血食之鬼，此輩皆邪炁，不念為人作福，但能作禍，善試道士，道士須當以術辟身，及將從弟子，然或能壞人藥也。」

依照古人的禁忌，凡製作一些事物，各行有各行的禁忌，葛洪舉二種爲例：醫家合藥膏，不欲令鷄犬小兒婦人見；染綵者不喜惡目者見，怕失美色；類此禁忌，大多因技術控制有所不易，因而依呪術性思考原則，不讓不淨者接觸，以免傳達惡氣；

神仙大藥的合作技術尤難，因而禁忌特多，這是消極的辟犯禍害。

煉丹士深信合作神藥，必入名山，不止凡山之中。入山就需知登涉術，他另立一「登涉篇」專門說明其法；因爲「入山而無術，必有患害。」遐覽篇所列道書、符術有多種就是用以登涉山水的，留於法術變化一章再詳述，此處只說明擇日選時的方法，也是他錄自一些擇日書，大概漢代方術中常用的術數：首先說明禁忌之日：

「五岳有受殃之歲，如九州之地，更有衰盛，受飛符煞炁，則其地君長不可作也。按周公城名錄，天下分野，災之所及，可避不可禳，居宅亦然，山岳皆爾也。又大忌不可以甲乙寅卯之歲，正月二月入東岳；不以丙丁巳午之歲，四月五月入南岳；不以庚辛申酉之歲，七月八月入西岳；不以戊巳之歲，四季之月入中岳；不以壬癸亥子之歲，十月十一月入北岳。不須入太華霍山恒山嵩高山，乃忌此歲，其岳之方面，皆同禁也。」

這是有關入五岳的禁忌，遐覽篇有「入山經」一卷、「五嶽經」五卷，大概均載有一些入山需知。

登涉篇曾引玉鈐經：「欲入名山，不可不知遁甲之秘術。」遁甲正是漢代術數之一，「後漢書」方術傳說：「推六甲之陰，而隱遁也。」易緯乾鑿度有太乙行九宮之法，以十二干支中的乙丙丁爲三奇，戊己庚辛壬癸爲六像，而以甲統之，以配九宮。按照加臨的吉守，作爲趨避的參考，稱爲奇門遁甲。葛洪自承少有入山之志，因而學習遁甲書，凡有六十餘卷，又鈔集其要爲「囊中立成」，見於史書著錄中。他摘出其中數條禁忌：

「入山之大忌，正月午，二月亥，三月申，四月戌，五月未，六月卯，七月甲子〔甲衍〕，八月申子〔巳〕，九月寅，十月辰未〔辰衍〕，十一月己丑〔辰〕，十二月寅〔酉〕。入山良日：甲子、甲寅、乙亥、乙巳、乙卯、丙戌、丙午、丙辰，已上日大吉。」

這段文字，多有訛錯。漢人以寅、午、戌逆行於正、五、九月；亥、卯、未順行於二、六、十月；申、子、辰之於三、七、十一月亦逆行；巳、酉、丑之於四、八、十二月亦順行，而各忌之。㊂至於入山良日外，又有忌諱：

「按九天秘記及太乙遁甲云：入山大月：忌三日、十一日、十五日、十八日、二十四日、二十六日、三十日；小月：忌一日、五日、十三日、十六日、二十六日、二十八日。以此日入山，必為山神所試。又所求不得，所作不成。不但道士，凡人以此日入山，皆凶害，與虎狼毒蟲相遇也。」

遁甲經除指示禁忌需知，葛洪也引用其中合適的入山時日，作爲登涉者的參考：

「遁甲中經曰：欲求道，以天內日天內時，劾鬼魅，施符書；以天禽日天禽時入名山，欲令百邪虎狼毒蟲盜賊，不敢近人者。出天藏，入地戶。凡六癸為天藏，六己為地戶也。又曰：避亂世，絕跡於名山，令無憂患者，以上元丁卯日，名曰陰德之時，一名天心，可以隱淪，所謂白日陸沈，日月無光，人鬼不能見也。又曰：求仙道入名山者，以六癸之日六癸之時，一名天公日，必得度世也。」

登涉篇又引「靈寶經云：入山當以保日及義日，若專日者大吉，以制日伐日必死。」所說的保、義、專、制、伐之說，採諸五行生剋，以定吉守。「淮南子」天文篇說：水生木，木生火，火生土，土生金，金生水。子母生曰義，母子生曰保，子母相得曰專，母勝子曰制，子勝母曰困。類此說法通行於兩漢，「靈寶經」所云，見錄於道藏「靈寶五符序」卷下。雖然遐覽篇未錄「五符經」，但可信是葛氏傳下的道書。有關五行生剋在日數的運用上，他另有一段闡說於後：

「靈寶經曰：所謂寶日者，謂支干上生下之日也，若用甲午乙巳之日是也。甲者，木也。午者，火也。乙亦木也，巳亦火也，火生於木故也。又謂義日者，支干下生上之日也，若壬申癸酉之日是也。壬者，水也。甲者，金也。癸者，水也。酉者，金也，水生於金故也。所謂制日者，支干上克下之日也。若戊子己亥之日是也。戊者，土者。子者，水也。己亦土也，亥亦水也，五行之義，土克水也。所謂伐日者，支干下克上之日，若甲申乙酉之日是也。甲者，木也。申者，金也。乙亦木也，酉亦金也，金克木故也。他皆倣此，引而長之，皆可知之也。」

葛洪曾說「三月九月，此是山開月，又當擇其月中吉日佳時。」其他月份，則需選擇日時。對於月日的講究，爲漢人對於干支、陰陽五行及易數的廣泛運用。靈寶經就是綜合漢緯及各種養生術而成的古道書之一，因而保存較爲素樸的早期擇日說。

名山爲合作神藥之所，是葛洪煉丹術的中心思想之一，一方面將古來的山嶽信仰逐漸仙道化，成爲仙山之說；另一方面將飄渺雲海的崑崙、蓬萊落實，成爲中國境內的仙山，就是新的名山。葛洪按照仙經所列「可以精思合作仙藥者，分作二類敍述：第一類是廣及大江南北：其中以在今浙江省爲最多：長山（金華）、太白山（金華）、大小天臺山、四望山、蓋竹山、括蒼山，又有鼈祖山，疑爲鼈子山，在浙江入海處。因漢晉之際，江南次第開發，浙江的風物最爲優勝，因而最多名山，他說「江東名山之可得住者」，在東陽的長山、太白，在會稽的四望山、大小天臺山、蓋竹山、括蒼山，就多在浙江省境內，所以仙境小說也與浙江名山有關。其次在河南省，凡有嵩山、少寶山（嵩山西峯），女几山（在宜陽縣）、王屋山（在濟源縣，爲三十六洞天之首），因爲河南爲中原文化的發源區，自多名山。同樣有四座名山的是四川省境：青城山（在灌縣，爲十大洞天之一）、峨眉山（在峨眉縣）、綏山（在峨眉山西南）、雲臺山（在蒼溪縣），因四川爲天師道的傳教區，名山起爲道治的所在。其餘散見於各省：陝西有華山、終南山；山東有泰山、安丘山（在安丘縣）；安徽有潛山（在潛山縣）、湖北有黃金山（在鍾祥縣）、廣東有羅浮山

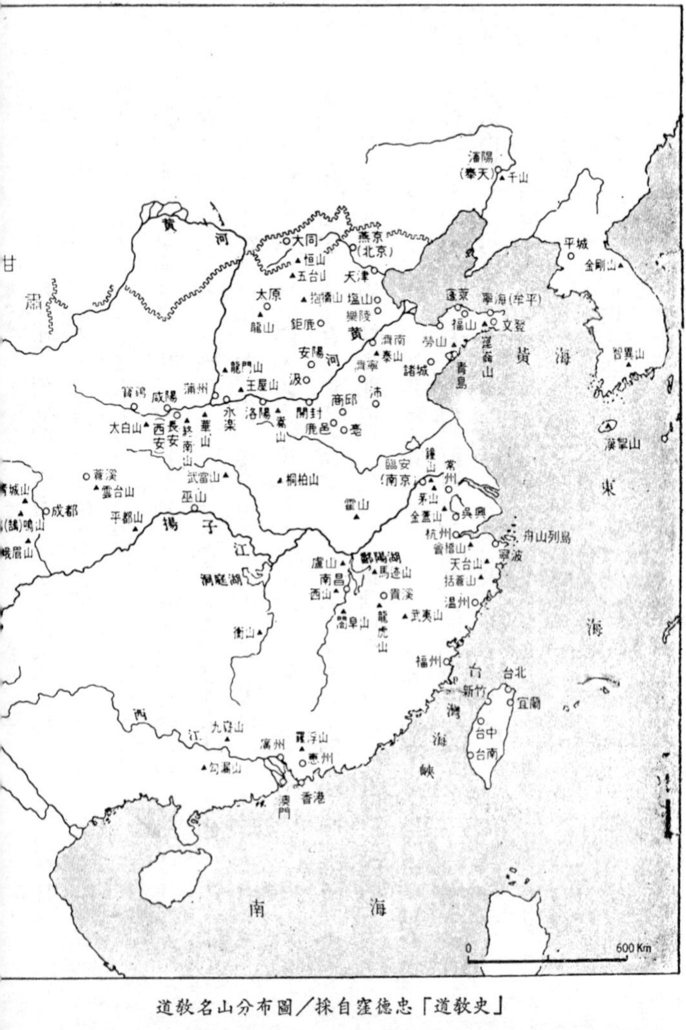


道教名山分布圖／採自窪德忠「道教史」

(在增城縣東)、江蘇有地肺山(在勾容縣,爲七十二福地之首)、福建有霍山(在南安縣,也是被列爲江東可住的名山),山西有抱犢山(在上黨東南)、河北有恆山(曲陽縣西北)。以上所述的諸名山中,有傳統的五嶽,也有新發現的仙山,均爲名山,故可以合藥:

「此皆是正神在其山中,其中或有地仙之人。上皆生芝草,可以避大兵大難,不但於中以合藥也。若有道者登之,則此山神必助之為福,藥必成。」

地仙棲集的名山,爲新起的三品仙說。

蓬瀛仙島系的則有「海中大島嶼」,在會稽郡內,凡有東翁州、亶州及紵嶼,其中亶州,依吳志孫權傳所載:因長老傳言,徐福卽止此洲,故在黃龍二年,遣衞溫等將甲士萬人,浮海求之,爲當時喧騰的海上仙島。又有徐州境內的莘莒洲、泰光洲、鬱洲等,到海島煉丹,也是取其遠離人世的優點。

在煉丹家的信仰中,煉丹是神聖而潔淨的作業,自需配合一些儀式性行爲:一爲齋戒,一爲禱祭。葛洪曾引述「黃帝九鼎神丹經」,並說明受經的盟約,接著強調合丹時需知的事項:

「合丹當於名山之中，無人之地，結伴不過三人，先齋百日，沐浴五香，致加精潔，勿近穢汚，及與俗人往來，又不令不信道者知之，謗毀神藥，藥不成矣。成則可以擧家皆仙，不但一身耳。」(金丹篇)

類似的說法多次出現：齋戒百日，不飲五辛生魚，不與俗人相見，爾後可作大藥，作藥須成乃解齋。齋戒是一種潔淨的過渡儀式，從俗轉入聖的階段，淨化身心，肅穆從事。這種情形也見於黃白篇中：

「又黃白術亦如合神丹，皆須齋潔百日已上，又當得閑解方書，意合者乃可為之，非濁穢之人，及不聰明人，希涉術數者所辨作也。其中或有須口訣者，皆宜師授。又宜入於深山之中，清潔之地，不欲令凡俗愚人知之。」

宗教行法時所應履行的「齋潔禁忌之勤苦」，是身心的試煉；而煉丹前戒愼爲之，實因早期煉丹的化學技術有非人力所能控制的因素，需借助宗教儀式的動作，這種情形與原始社會的呪術性思考原則相近，就是借用巫術的超自然力，以輔助技術。㈣

葛洪對於「齋戒辛苦，故莫克爲」的情況，就舉史證加以說明：漢武不能「長齋人潔，躬親爐火，夙興夜寐，以飛八石」（論仙篇），故未能得到丹藥；而劉向雖得丹書煉丹，也不能得其要訣，「止宮中作之，使宮人供給其事，必非齋潔者，又不能斷絕人事，使不來往也，如此安可得成哉！」（金丹篇）

禱祭的祭拜行爲，在煉丹之前及事後爲之，具有護持與答謝之意，與盟誓同是與神靈存有契約的微妙關係。在金丹大道的傳統說法中，合大藥當祭，「祭則太乙元君、老君、玄女皆來鑒省。」（金丹篇）煉黃白時，「皆立太乙、玄女、老子坐醮祭，如禮丹法，常燒五香，香不絕。」（黃白篇）所祭拜的主神元君，就是太清神丹法；因爲「太清神丹，其法出於元君。元君者老子之師也……元君者大神仙之人也，能調和陰陽，役使鬼神風雨，驂駕九龍十二虎，天下衆仙皆隸焉。」（金丹篇）玄女也是黃帝神話中役使神力消除風伯雨師的大風雨的女魃，隋志中有「玄女戰經」、「黃帝問玄女兵法」及「玄女式經要法」，爲傳授戰法者。煉丹時醮請玄女，大概因其具有消除風雨的神力，在深山燒煉，這是頗爲亟需的法力。

煉成之後，也有酬祭及分人等規矩：「金成，取百斤，先設大祭，祭自有別法一卷，不與九鼎祭同也。祭當別稱金，各檢署之。」凡八十一斤，分祭天、日月、北斗、太乙、井、竈、河伯、社、門戶閭鬼神諸君等;餘一十二斤,「以好革囊盛之,良日於都市中市盛之時,嘿聲放棄之於多人處,徑去無復顧。」金丹篇特別提醒煉金者,「不先以金祀神,必被殃咎。」煉黃白成,也有類似的規矩,「先以三斤投深水中,一斤投市中,然後方得恣其意用之耳。」這種酬謝諸神及分惠他人,實有宗教的意義。

## (二)煉丹的變化思想

煉丹術的中心思想就是氣與變化,葛洪的思考方法與基本觀念,論者稱為「古代咒術的末裔,近代化學的先驅。」㊄因中世紀的科學技術,猶不免混同科學與巫術,不能像近世的化學操作,具有複雜的管制統計與分析方法,自是難以區別不同手工操作之間,其效率的差別。類此萌芽時期的煉丹實驗,稱之為「擬似科學」(pseudo-science),仍不盡恰當;因魏伯陽、葛洪等人已可分清在何種情況,人類是有支配自然、役用自然的能力。只是丹藥燒煉的過程所產生的複雜變化,確有煉丹家難以控制之處,故常有運用咒術性的思考原則的痕跡,易於讓人形成科學與

巫術混淆的印象。㈥

葛洪將氣化、變化思想作爲金丹、黃白兩篇的理論依據，是當時金丹大道所提出的最完整的理論架構，頗具代表性。因而李約瑟在析論中國科學思想，特別迻譯了黃白篇的一大段文字，並註出其合於科學觀察之處：

「夫變化之術，何所不為。蓋人身本見，而有隱之之法。鬼神本隱，而有見之之方，能為之者往往多焉。水火在天，而取之以諸燧。鉛性白也，而赤之以為丹。丹性赤也，而白之為鉛。雲雨霜雪皆天地之氣也，而以藥作之，與真無異也。至於飛走之屬，蠕動之類，稟形造化，既有定矣。及其倏忽而易舊體，改更而為異物者，千端萬品，不可勝論。人之為物，貴性最靈，而男女易形，為鶴為石，為虎為猿，為沙為黿，又不少焉。至於高山為淵，深谷為陵，此亦大物之變化。變化者，乃天地之自然，何為嫌金銀之不可以異物作乎？譬諸陽燧所得之火，方諸所得之水，與常水火，豈有別哉？蛇之成龍，茅糝為膏，亦與自生者無異也。然其根源之所緣由，皆自然之感致，非窮理盡性者，不能知其指歸，非原始見終者，不能得其情狀也。」

李約瑟稱葛洪「因耽於其事，而深信萬物無奇不有。」㊆其中所說的變化，基於天地變化、物理變化，與變化神話傳說、昆蟲變化及物魁變化，乃兼涵精確的科學經驗與不正確的生物觀察，混雜了虛誕的傳說與與眞實的判斷，正是論者所說中世紀學科技術萌芽時期的實態。

葛洪的變化思想中，承認萬物「受氣皆有一定」，所以雞之爲蜃，雀之爲蛤；或者死而更生，男女易形，都只是氣的變化而已。他相信物與物間是可以相互變化，並非截然不可踰越其界限，這是基於神話傳說的生命信念，與錯誤的生物觀察，所形成的素樸的學科理念。進一步推衍，他又指出自然生產與變化形成的是相同的，所謂「雞化爲蜃，雀化爲蛤，與自然者正同。」類此的觀察，現存（抱朴子）佚文中尙有兩條：

有自然之龍，有蛇蠋化成之龍。（初學記三十、白孔六帖九十五、御覽九百二十九。）

田地既有自然之鱓，而有荇莖芩根土龍之屬化為鱓（御覽九百三十七，又一千引蓤根化為蘚，當卽此。）

可見當時之人確有一種信念：生產與變化俱為生命的形式，兩者且有相似之處，這是原始的、素樸的民間的生物知識。葛洪吸收之後，作為造作之金與自然之金正同的依據。

煉丹術之所以能在道士手中達到一定的成就，並非全基於荒誕的變化神話與錯誤的生物觀念；而是根據早期手工業所逐漸積累的操作技術，獲得科學技術的把握：包括製陶、冶金、釀酒、染色等百業，尤其是相關的金屬冶煉技術，從出土的考古文物可以證明先秦至兩漢，對於銅、鐵的冶煉既有長足的進步，一些重要的冶煉地區及其製作集團多能製作煉爐，並逐漸控制其中的複雜技術。魏伯陽在（參同契）中闡明煉丹的可能性與合理性，就說：「自然之所為兮，非有邪偽道。山澤氣相蒸兮，興雲而致雨；泥竭而成堂兮，火滅自為土；若蘗染為黃兮，似藍成綠組；皮革煮為膠兮，麴蘗化為酒。同類易施功兮，非種難為功。惟斯之妙術兮，審諦不誑語。」其中提及的生產技術，包括了染色、熬膠、釀酒等早期工業；又說同一物類的變化比較容易，而不同種類的變化比較困難，乃是對於物質變化所歸納而得的原則。由此推知秦始皇時，巴蜀寡婦淸就已知道使用丹穴，而始皇陵墓中運用水銀「為百川、江河、大海，混相災輸，上具天文，下具地理。」（史記）經秦皇陵墓的發掘，確證有水銀的運用。兩漢字書之解說「丹」字，就是表現當時已掌握了丹砂的採集與燒煉的操作技術，從丹砂製作水銀，水銀即爲煉丹的重要原料，可見這些實際的技術提供魏伯陽、葛洪，深信丹藥的變化事實。㈧

葛洪是具有民間手工操作的知識的，所以論辯神仙變化之事，就曾列擧一些博物知識作爲證驗：「外國作水精椀，實是合五種灰以作之，今交、廣多有得其法而鑄作之者，今以此語俗人，殊不肯信，乃云水精本自然之物、玉石之類。況於世間，幸有自然之金，俗人當何信其有可作之理哉！愚人乃不信黃丹及胡粉，是化鉛所作；又不信騾及駏驢，是驢馬所生，云物各自有種，況乎難知之事哉！」（論仙篇）其次是至理篇闡述善於保養，得以延生，也多擧事例爲證；其中也有以生產技術爲例：

> 泥壞易消者也，而陶之為瓦，則與二儀齊其久焉。柞楢速朽者也，而燔之為炭，則可億載而不敗焉。

這段文字與佚文相似，「燒泥爲瓦，燔木爲炭，蜂窠爲蠟，水沫爲浮石，凡此皆其柔肥，變爲堅剛。」（御覽五一）他擧用製作水精碗、化鉛作黃丹、胡（餬）粉、及燒瓦、燒炭等經驗，說明物質經操作之後，可以改變其屬性（顏色、質地），增加其功能（堅硬、不腐）。這些物質變化才是積極而有力地促使他相信煉丹、煉金的可能性，他說：「陶冶造化，莫靈於人，故達其淺者，則能役用萬物；得其深者，則能長生久視。」役用萬物正是科學技術的基本精神，而煉金、煉丹則為煉丹士所探求的不死的願望。

在葛洪之前，既已有煉丹士嘗試煉丹，並寫下其操作經驗，葛洪曾摘錄其精要之語，借以自勵，並論辯人工製作黃金、丹藥的可能，黃白篇解說「眞人作金，自欲餌服之致神仙，不以致富也。」說明道士煉金術的目的不是為了黃金，而是因製作的黃金有優於自然黃金之處：

「又化作之金，乃是諸藥之精，勝於自然者也。仙經云：丹精生金。此是以丹作金之說也。故山中有丹砂，其下多有金。且夫作金成則為真物，中表如一，百煉不減。故其方曰：可以為釘。明其堅勁也，此則得夫自然之道也。故其能之，何謂詐乎？詐者謂以曾青塗鐵，鐵赤色如銅；以雞子白化銀，銀黃如金，而皆外變而內不化也。夫芝菌者，自然而生，而仙經有以五石五木種芝，芝生，取而服之，亦與自然芝無異，俱令人長生，此亦作金之類也。雉化為蜃，雀化為蛤，與自然者正同。」

從這段敍述可知當時旣有人造金的眞假辯論：到底變化是內外俱變，還是外變而內不化，其爭論確可證明中古時期已具有不錯的科學知識。又如山中有丹砂，其下多金，與管子地數篇所載的上古採礦術有關：「上有丹砂者，下有黃金；上有慈石者，下有銅金；上有陵石者，下有錫銘赤銅；上有赭者下有鐵，此山之見榮者也。」這是礦物共生的現象，近世科學已採知並運用於採礦。可見葛洪是承襲衆多的科學知識，因而深信丹藥燒煉之術。

在金丹、黃白兩篇中，葛洪一再引述仙經之言證明自然之金與化作之金，確可製成，且外形相近。基本上，這是一種信念，堅強的宗教信念，用以鼓勵自已及其他煉丹的道士，這些精要之語極具典型性，諸如：

故仙經曰：流珠九轉，父不語子，化為黃白，自然相使。

又曰：金銀可自作，自然之性也，長生可學得者也。

玉牒記云：天下悠悠，皆可長生也，患於猶豫，故不成耳。凝水銀為金，可中釘也。

銅柱經曰：丹沙可為金，河車可作銀，立則可成，成則為真，子得其道，可以仙身。

黃山子曰：天地有金，我能作之，二黃一赤，立成不疑。

龜甲文曰：我命在我不在天，還丹成金億萬年。

對照遐覽篇所列的道書，其中與金丹、黃白有關的，應有太清經、龜文經、魏伯陽內經、三十六水經、黃白要經、八公黃白經各一卷、枕中黃白經五卷等，這些丹經當已有金丹變化的理論，啓發葛洪完成其變化說。

丹藥服食，之所以具有度世、長生的奇效，乃是基於煉丹的巫術性的思考原則；從當時的邏輯辯論言，近於類推法；但更近於巫術的屬性傳達原理，也就是弗萊哲（Sir Frazer）在「金枝篇」（The Golden Bough）所論的巫術，交感巫術中的模擬巫術（Imjative magic）與接觸巫術（Contgious magic），二者俱根據交感原則而運作。前者基於類似律（Law of simiarity）或象徵律（symbolism），能夠同類相生（Like cause like）或同類相治（Like Cures like）；後者則基於接觸律（Law of comtact）或傳染律（Law of conlagion）可傳達兩不同物之間的屬性，威伯司特(Webster)在「巫術」(Uagic)中，稱爲「屬性傳達原理。」[九]由於煉丹的初期尚多籠罩在神秘的氣氛中，其複雜而劇烈的化學變化，鮮艷而奇特的丹藥成品，確易於與巫術混淆，因而有巫術性的思考方式。

魏伯陽、葛洪都是根據同類相輔的巫術原則，作爲金丹服食的基本原則：參同契說：「欲作服食仙，宜以同類者：植禾當以粟，復雞用其子。以類輔自然，物成自陶冶。」葛洪則根據淮南子所說的「貍頭愈鼠，雞頭已瘻，蝱散積血，斲木愈齲，此類之推者也。」（說山訓）這是民間的類推巫術，以同類之物接觸之後產生相治的力量。葛洪則說是「老子」之言，所取譬則相同：「以狸頭之治鼎漏，以啄木之護齲齒，此亦可以類求者也。」鼠就是瘋字，爲漏創；啄齲蟲，爲民俗療法。同類相輔同求，參同契說：「巨勝尚延年，還丹可入口。金性不敗朽，故爲萬物寶。術士服食之，壽命得長久。」此外又強調其奇效：「金砂入五內，霧散若風雨。薰蒸達四肢，顏色悅澤好。髮白更生黑，齒落出舊所。老翁復丁壯，老嫗成姹女。改形免世厄，號之曰眞人。」凡此皆因爲服食之後，傳達其不敗不朽的屬性。魏伯陽只發其大端，而葛洪則闡述其所以然：

「夫金丹之為物，燒之愈久，變化愈妙。黃金入火，百鍊不消，埋之，畢天不朽。服此二物，鍊人身體，故能令人不老不死。此蓋假求於外物以自堅固，有如脂之養火而不可滅，銅青塗脚，入水不腐，此是借銅之勁以扞其肉也。金丹入身中，沾洽榮衛，非但銅青之外傅矣。」

所謂「假求於外物以自堅固」，爲古來相傳的道理。「抱朴子」佚文提及有一古葬棺中凡有雲母厚尺許、白玉璧三十雙以藉身，懷中有尺玉，又兩耳及鼻孔中皆有黃金，「此則骨骸有假物而不朽之效也。」

煉丹士相信凡金丹的燒煉，愈能多燒多轉，愈有奇效。參同契所論金丹之變，三變而成，金液還丹，始可入口，令人長生，其餘草木之藥僅能卻病，實與抱朴子爲同一觀念。金丹篇言九轉金丹，九轉者，言其變化數次極多，因爲「其轉少，其藥力不足，故服之用日多，得仙遲也；其轉數多，藥力成，故服之，用日少而得仙速也。」中世化學知識實尚幼稚，其飛昇變化，反應劇烈，爲當時所驚詫不迭者：魏伯陽說：「三物相合受，變化狀若神」、「稟和於水銀，變化由其眞。」都強調其多變化。吉田光邦即解釋：白黑顏色的變化，猶老少的形狀的變化，乃素朴的類感咒術。㈡煉丹過程及煉成金丹，其顏色變化與鮮艷色彩，依巫術原理言，乃最具法力者，最易被渲染。又魏伯陽論及金丹的屬性：「金入於猛火，色不奪精光。自開闢以來，日月不虧明，金不失其重。」如果依據交感巫術原理，同類相生。金爲純氣，太淸剛氣，百煉不消，參同契說：「人所稟軀，體本一無；六精雲布，因氣託初。」人體充溢元氣，天生而然，所謂：「須以造化，精氣乃舒。」造化稟氣，易損易消。若服食金丹，可借以產生元氣。

葛洪自是相信黃金的不朽屬性，雖則他在用藥時博採多方，但卻比較其高下，認爲「草木之藥，埋之卽腐，煮之則爛，燒之卽焦」，因而推崇具有不敗不朽性質的神丹。金丹篇表現其深知丹砂與水銀互相變化的原理，因而說：「丹砂燒之成水銀，積變又還成丹砂。」變化次數旣多，其效益自能因氣補氣，長生不老；而其他藥物則只能補血健身，「服他藥萬斛，爲能有小益，而終不能使人遂長生也。故老子之訣言云：子不得還丹金液，虛自苦耳。」這是醮祭對象之一的老子，爲神仙家的老子；而還丹金液則是他從衆術中所推爲至要的，所以金丹篇首句卽說：

「抱朴子曰：余考覽養性之書，鳩集久視之方，曾所披涉篇卷，以千計矣，莫不皆以還丹金液為大要者焉。然則此二事，蓋仙道之極也。服此而不仙，則古來無仙矣。」

## ㈢煉丹的方法與功效

葛洪對於煉丹、煉金之術，大多承續傳統的習慣，其中值得注意的有兩點：一爲秘傳的隱名傳統，黃白篇首卽說明：

神仙經黃白之方二十五卷，千有餘首。黃者，金也。白者，銀也。古人秘重其道，不欲指斥，故隱之云爾。或題篇云庚辛，庚辛亦金也。然率多深微難知，其可解分明者少許爾。世人多疑此事為虛誕，與不信神仙者正同也。

使用「黃」或「庚辛」以隱「金」，只是不欲指斥；至於使用隱名的藥方，更深微難知：他所擧的醫家之方，至後代就多用本名：如後宮遊女（螢火蟲）、僻側之膠（桃膠）、金商芝（楸木耳）－俱見梅彪「石藥爾雅」、伏龍肝（灶中對釜月下黃土）、白馬汗（覆盆子）、浮雲滓（雲母）、龍子丹衣（蛇蜺或蝦蟆皮）、夜光骨

（燭燼）、百花醴（蜜）。至於煉丹藥物尤多隱名：後世如石藥爾雅及本草等始予註明：河上姹女（水銀）、陵陽子明（水銀）、禹餘糧（白餘糧，爲礦物藥，非米也）；又有龍膽（草藥、葉似龍葵、味苦如膽）、虎掌（草藥）、雞頭（芡）、鴨蹠（治寒熱的草藥）、馬蹄（香草）、犬血（草藥）、鼠尾（治赤白痢的草藥）、牛膝（治寒濕痿痺的草藥），均非血氣之物；又有缺盆覆盆（似莓的草藥）、大戟（主治蠱毒十二水等病的草藥）、奧箭（主治女子崩中下血的草藥），也非鐵瓦之器；又有胡王使者（草藥白頭翁，或獨活）、野丈人（白頭翁）、守田公（稂莠之草）、戴文浴（草藥戴文玉）、徐長卿（草藥名），也只是用人的姓名。草藥喜用隱名，金丹之藥，尤尙玄秘，故需明師口訣。再其次煉丹仍與醫藥有密切的關係，草木藥雖列爲下品，而金丹居上，實際上燒煉時常需用到草木之藥，以產生複雜的化學作用。

葛洪對於煉丹的重要成就，首爲認識礦物所含的化學性質；其次是整理出不同的煉丹方法。丹藥的主要成分爲硫化汞與硫化砷，其所搜羅的煉丹材料，諸如丹砂、硫磺等物，加以反覆實驗，自然深刻瞭解其變化的特性。在方士、丹家的長期試煉中，從丹砂（硫化汞）治煉汞（水銀）的技術，戰國末期至秦已逐漸發展，漢初劉安的方士集團撰寫「淮南萬畢術」，就有「丹砂爲鴻」的紀錄，這類治煉經驗表現於字書，許愼說文解字就解「澒，丹砂所化爲水銀」，澒也就是汞。葛洪將前此丹家的心得，歸納爲「丹砂燒之成水銀」，到陶弘景時更用生、熟來說明人造水銀與天然水銀的區別。現代的化學反應式就是：

$$HgS+O_2 \rightarrow Hg+SO_2$$

$$Hg+S \rightarrow HgS$$

在化學實驗中，對於水銀的特性及其運用，約有二項：流動性與揮發性。魏伯陽敍述水銀的流動性，出之以隱喩手法：「汞白爲流珠」、「太陽流珠，常欲去人。」當時丹家爲了控制其流動，就需要其他物質相互作用，像鉛：「卒得金華，轉而相親，化爲白液，凝而至堅。」據考卽爲鉛汞齊；後來陶弘景說水銀「能消化金銀，使成泥，人以鍍物也。」（本草綱目引）也是用金銀爲汞齊狀態，而普遍運用於民間工藝中，煉丹家對於汞齊的認識也是取諸民間手工業者的實際經驗，在進一步的反覆操作中，更清楚指出其如流珠般的流動性。其次丹家還需克服其揮發性，需與其他金屬化合，魏伯陽生動地描述：「河上姹女，靈而最神，得火則飛，不見埃塵。」這是揮發性的情況，因而「將欲制之，黃牙爲根。」姹女是喩寫水銀所具的鮮艷色澤，黃芽即是硫磺，兩者化合後，固定爲紅色的硫化汞，當時稱爲紫色墨丹，就是人造的銀朱、靈砂。葛洪即說丹砂成水銀後，接著說「積變又還成丹砂」，就是記錄這類化學變化。可知當時丹家對於汞、硫、鉛等重要元素的化學反應，基於長期的操作，已能妥當的運用。

煉丹術在早期雖是慣用隱名，後來丹經都已辨明，並逐漸擴展其藥材，據近人統計煉丹文獻，包括無機物和有機物的有六十餘種：其中主要元素爲汞、硫、碳、錫、鉛、銅、金、銀等；而其化合物則有氧化物、硫化物、氯化物、硝酸鹽、硫酸鹽、碳酸鹽、硼酸鹽、硅酸鹽，多種合金混合的石質及醋、酒等有機溶劑等㊀，李約瑟也精細地整理出不同時代所使用的藥品，對照近代的化學學名，列出其化學組合，總數達一八三種之多。葛洪當時所使用的礦物與煉法雖較粗糙，但已具體而微，頗有規模。就是所謂的「還丹金液」—還丹又稱神丹、仙丹，採用火法；金液則採用水法。

火法主要的是帶有冶金性質的無水加熱法，魏伯陽在參同契中提到火記六百篇，大概與火法有關；葛洪在金丹、黃白篇所整理的九轉丹法，多屬火法。其主要的設備在唐丹房須知一類書都有說明：丹爐，內部安置丹鼎，作爲反應室——稱爲神室、匱或丹合等；而其蒸餾方法，需用石榴匱、甘堝子，作成抽汞器等；將丹材處理的方法，大致包括煆（長時間高溫加熱）、煉（乾燥物質的加熱）、炙（局部烘烤）、熔（熔化）、抽（蒸餾）、飛（又叫升，就是升華）、伏（加熱使藥物變性）等。㊂

葛洪當時所錄的方法，較爲簡單，但大體已備，如九丹法的煉丹華：

「第一之丹名曰丹華：當先作玄黃，用雄黃水、礬石水、戎鹽、鹵鹽、礜石、牡蠣、赤石脂、滑石、胡粉各數十斤，以為六一泥，火之三十六日成，服之七日仙。又以玄膏丸此丹，置猛火上，須臾成黃金。又以二百四十銖合水銀百斤火之，亦成黃金。金成者藥成也。金不成，更封藥而火之，日數如前，無不成也。」

其中六一泥，就是用戎鹽、鹵鹽、礜石、牡蠣、赤石脂、滑石、胡粉七物，搗合如泥，雲笈七籤在六一泥下有「固濟」二字，即是密封，就是封藥。火的時間達三十六日，則爲長時間的加熱，將不同的礦物共熱，產生複雜的變化，其化合物就成爲當時丹家心目中的「黃金」，其實是一種汞齊。丹家對於爐火的觀察，極爲細膩：

如九轉丹法：

「若取九轉之丹，內神鼎中，夏至之後，爆之鼎熱，內朱兒一斤於蓋下。伏伺之，候日精照之。須臾翕然俱起，煌煌輝輝，神光五色，卽化爲還丹。取而服之，一刀圭卽白日昇天。又九轉之丹者，封塗之於土釜中，糠火，先文後武，其一轉至九轉，遲速各有日數多少，以此知之耳。其轉數少，其藥力不足，故服之用日多，得仙遲也。其轉數多，藥力盛，故服之用日少，而得仙速也。」

其中所說的「神鼎」、「土釜」，以及黃白篇所說的「鐵器」、「鐵筩」、「鐵釜」、「銅筩」等，俱爲反應器。至於候日精，則是嚴格計算火的時間，與「參同契」的計時日的方式，俱爲當時丹家的方便法。而有關神丹煉成的景象，正是化學變化的現象。由於硫磺等物，具有猛毒，需要一再加火伏之，轉數多，自可降低其毒性；九轉表示其次數之多。

水法煉丹是丹家在煉成固體的神丹外，另一方面將它溶解成液體的方法，葛洪所著錄的「三十六水經」一卷，是否卽「道藏」所收的「三十六水法」——保存溶解三十五礦物和二種非礦物的五十四個方子，不能確定；但金丹、黃白篇確有同類的丹方。今人歸納水法約有下列數種：化（溶解，有時也指熔化）、淋「用水溶解出固體物的一部分）、封（封閉反應物質，長期靜置或埋於地下）、煮（在大量水中加熱）、熬（有水的長時間高溫加熱）、養（長時間低溫加熱）、釀（長時間靜置在潮濕或含有碳酸氣的空氣中）、點（用少量藥劑大量物質發生變化）、澆（傾出溶液，讓它冷卻）、漬（用冷水從容器外部降溫），以及過濾、再結晶等，可知煉丹家確嘗試過多種方法試驗。用水法製備藥物，首先要備置華池——就是盛有濃醋的溶解槽，醋中投入硝石和其他藥物。因它在酸性溶液中提供硝酸根離子，起類似稀硝酸的作用，用以溶解金屬礦物。㊂

對於黃金的溶解，由於黃金的化學性質不活潑，不易溶解，葛洪在金丹篇保存了金液方，確是值得注意的史料：

「抱朴子曰：金液，太乙所服而仙者也，不減九丹矣，合之用古秤黃金一斤，並用玄明龍膏、太乙旬首中石、冰石、紫遊女、玄水液、金化石、丹砂，封之成水，其經云：金液入口，則其身皆金色。」

在華池中採用醋、硝方，戎鹽等之外，還有「玄明龍膏」——可代表水銀，它能溶解黃金；或代表醋（玄明）和復盆子（龍膏）——由於未成熟的復盆子果實含有氫氰酸，華池的醋浸液中含有氰離子和其他藥物所提供的鈉、鉀離子，在空氣中可慢慢溶解黃金——即是「成水」。這種金液方是煉丹家經過大量實驗以後所獲結的結果，也許當時尚不易瞭解其中的複雜變化；但早在漢晉之際就能發現溶解黃金的方法，確是化學史上的一項巨大的成就。㈣

黃白篇所整理的煉丹法中，尚有多種水法；「作丹砂法」——也見於「三十六水法」中：

「治丹砂一斤，內生竹筩中，加石膽消石各二兩，覆薦上下，閉塞筩口，以漆骨丸封之，須乾，以內醇苦酒中，埋之地中，深三尺，三十日成水，色赤味苦也。」

這種方子用醋和硝石以外，加有石膽——就是硫酸銅。因硫化汞在醋酸和硝石的混合液中本來難於溶解，有硫酸銅的存在，閉封之，卻可以溶解。依近代化學觀點，硫酸銅在反應中起了催化劑作用。所以唐人「黃帝九鼎神丹經訣」特別指出：「化丹砂卽需石膽」。其他還有「治作雄黃水法」等，都能合乎化學的原理。

水法煉丹的另一發現就是「轉化」——水溶液中的金屬置換作用，其原意是將賤金屬轉化爲貴金屬，如黃金、白銀之類。「淮南萬畢術」所載的「曾青得鐵則化爲銅」，葛洪進一步觀察到「以曾青塗鐵，鐵赤色如銅」，是「外變而內不化」，陶弘景又把實驗擴及硫酸銅之外，發現雞屎礬（碱性碳酸銅或碱性硫酸銅），性質與曾青相似，可以合熟銅，這是後來水法冶金膽銅法的起源，也可作爲煉丹家對中國科學技術的一項貢獻。

火法、水法之外，還有另一系統，爲藥物學、植物學的立場，將丹與其他物服食，形成不可思議的奇效：

「又取伏丹法云：天下諸水，有名丹者，有南陽之丹水之屬也。其中皆有丹魚，當先夏至十日夜伺之，丹魚必浮於水側，赤光上照，赫然如火也，網而取之可得之，得之雖多，勿盡取也。割其血，塗足下，則可步行水上，長居淵中矣。」

基於巫術性思考原則：神丹具有奇效，因而類推「赤光上照，赫然如火」的丹魚，也當有特殊的效果。又有與植物配合服食的「劉生丹法」：

「又劉生丹法，用白菊花汁、地楮汁、樗汁和丹蒸之，三十日，研合服之，一年，得五百歲，老翁服更少不可識，少年服亦不老。」

其他還有「赤松子丹法」，也用丹與植物汁液混合服用。

關於服丹還有一種不直接服食，而餵食動物再服食的方法，金丹篇有三種丹法相類：

「又石先生丹法：取烏鷇之未生毛羽者，以真丹和牛肉以吞之，至長，其毛羽皆赤，乃煞之，陰乾百日，並毛羽擣服一刀圭，百日得壽五百歲。

又康風子丹法：用羊烏鶴卵雀血，合少室天雄汁，和丹內鵠卵中漆之，內雲母水中，百日化為赤水，服一合，輒益壽百歲，服一升千歲也。

又崔文子丹法：納丹鶩腹中蒸之，服，令人延年，長服不死。」

其中的童鷄、卵及鶩，乃因其具有生命力之物，在巫術性的思考中，本就可傳達其神奇的生命力。而石先生丹法尤其值得注意：近人曾辯論白居易詩：「退之服硫黃，一病迄不痊。」退之，一般相信是韓愈，韓愈之服食硫磺，其動機爲何？其關鍵在於「如何服食」？或認爲是煉丹後服食！或認爲是當作本草藥材服食？其實俱無直接的文獻可以證明。硫磺雖是煉丹的材料，唐代也盛行煉丹的風尚，但並無史料證明韓愈煉丹。至於本草有食硫磺也是事實，但不能單服；目前所知唐末五代陶穀「清異錄」卷二所載：『昌黎公愈，晚年頗親脂粉，故事服食，用硫磺末攪弼飯啖雞男，千（一作十）日烹庖，名火靈庫，間日進一隻焉，始亦見功，終致絕命。」陶穀時代較近，縱使這條資料爲羼入者，也不致太晚。「火靈庫」的服食法，與石先生丹法爲同一系統，其目的是爲「得壽五百歲」，退之食硫黃也爲了治病延壽，所以白居易接云：「微之鍊秋石，未老身溘然。杜子得丹訣，終日斷腥羶；崔君誇力，經久不衣，或疾或暴夭，皆不過中年。」從詩意言：秋石、丹訣等都是丹藥，硫磺自也是丹藥；而且強調未老、不過中年，就是爲了延年益壽。大概葛洪所錄的「石先生丹法」，普遍流傳於唐代士子中，因而有「火靈庫」的服食法。㊄可見要解決「退之服硫黃」的問題，就要從煉丹史的發展加以解說，才能瞭解其中的關鍵。

服食仙丹是爲了不死成仙，基於黃金、玉石的不朽屬性，依屬性傳達原理，只要傳達其不敗不朽的性質進入人身，就可使人獲致不敗不朽。道士常在考古文物中發現，並肯定這些事實：「金玉在於九竅，則死人爲之不朽。」（對俗篇）陶弘景

唐代銀製藥盒(西安南效何家村出土),蓋的內面載著藥劑名與重量

也有類似的看法:

「古來發塚見尸如生者,其身腹內外無不大有金玉。漢制王公皆用珠襦玉匣,是使不朽故也。」(本草綱目八引陶弘景名醫別錄)

因而燒煉黃白,其本身所具的化學變化愈增加其巫術色彩,所成的還丹金液也易於服食,魏伯陽說:

「勤而行之,夙夜不休。服食三載,輕舉遠遊。跨火不焦,入水不濡,能存能亡,長樂無憂。道成德就,潛伏俟時,太乙乃召,移居中州,功滿上昇,膺籙受圖。」

跨火入水的輕舉遠遊原是遠遊文學的描述，道士則以較實際的煉丹術探求，葛洪也引述丹經之言爲證：

「按黃帝九鼎神丹經曰：黃帝服之，遂以昇仙。又云：雖呼吸道引，及服草木之藥，可得延年，不免於死也；服神丹令人壽無窮已，與天地相畢，乘雲駕龍，上下太清。」

魏晉三品仙說中，葛洪所詮釋的三品仙，是基於金丹道的立場：「朱砂爲金，服之昇仙者，上士也；茹芝導引，咽氣長生者，中士也；餐食草木，千歲以還者，下士也。」他的信念一方面是類推一般醫藥的療效：

「召魂小丹三使之丸，及五英八石小小之藥，或立消堅冰，或入水自浮，能斷絕鬼神，禳却虎豹，破積聚於腑臟，追二豎於膏肓，起猝死於委尸，返驚魂於既逝。夫此皆凡藥也，猶能令已死者復生，則彼上藥也，何為不能令生者不死乎？」（至理篇）

這些只是「醫家之薄技」，已有活命的奇效，何況是金丹上藥。另一方面是基於神仙家對於服丹尸解的觀點。由於丹藥的構成元素，其中所含的化學成分，在服食之後對於人類的生理、心理產生一定的反應。李約瑟曾據近代的化學知識，比照煉丹家流傳的說法，闡說砷、汞、鉛、銅、錫、鎳、鋅等金屬化合物，對於人體會產生特殊的反應：像砷有短暫安寧感、汞、鉛具有刺激唾液分泌的作用，它使生理上產生錯誤的引導，以爲具有特效。由於長期服用或遽加服食，過量的金屬物進入人體，在體內沈積後，使服食者死後形成一些迥異於常人的異常現象：尸體有不同的味道、不腐不爛，以及各種木乃伊現象，洵爲道士及當時人士所難以解釋，因而將尸解賦予神秘而美麗的說法。㈥

金丹篇所列的各種丹法與奇效，現在舉用兩種主要丹法爲例，第一例爲九丹法：

| 丹名 | 成仙日數 | 黃金及其化合物 | 功能 |
|---|---|---|---|
| 丹華 | 七日 | 十玄黃 | 成仙 |

| | | | |
|---|---|---|---|
| 神丹 | 百日 | | 行度水火，以此丹塗足下，步行水上，服之三刀圭，三尸九蟲皆卽消壞，百病皆癒也。 |
| 神丹 | 百日 | | 以與六畜服之，亦終不死。又能辟五兵。服百日，仙人玉女、山川鬼神、皆來侍之，見如人形。 |
| 還丹 | 百日 | 十水銀 | 朱鳥鳳凰，翔覆其上，玉女至傍。以此丹塗錢物用之，卽日皆還；以此丹書凡人目上，百鬼走避。 |
| 餌丹 | 三十日 | | 鬼神來侍，玉女至前。 |
| 鍊丹 | 十日 | 十汞 | 成仙 |
| 柔丹 | 百日 | 十鉛 | 九十老翁，亦能有之。 |
| 伏丹 | 百日 | | 持丹見百鬼，以月門戶上，萬邪衆精不敢前，又辟盜賊虎狼也。 |

| | |
|---|---|
| 寒丹百日 | 仙童仙女來侍，飛行輕舉，不用羽翼。 |

而九轉丹法，只提及成仙，而未詳述其神通表現，較爲簡要：

「一轉之丹，服之三年得仙。二轉之丹，服之二年得仙。三轉之丹，服之一年得仙。四轉之丹，服之半年得仙。五轉之丹，服之百日得仙。六轉之丹，服之四十日得仙。七轉之丹，服之三十日得仙。八轉之丹，服之十日得仙。九轉之丹，服之三日得仙。」

九丹或九轉丹的服食成仙說與三品仙說的結合，爲地仙與天仙的自由去留，「抱朴子」前數篇一直強調類似的理想生活，所以金丹篇也在敍述九丹之後以此作結：

「凡此九丹，但得一丹便仙，不在悉作之，作之在人所好者耳。凡服九丹，欲昇天則去，欲且止人間亦任意，皆能出入無間，不可得之害矣。」

自由服食以節行止爲葛洪理想中的服丹方式。

## ㈣ 仙藥的服食及其傳說

弗萊哲研究巫術（magic）發現原始民族特殊的石頭，其形狀奇特，色彩鮮艷者，即具有特殊的咒術威力。另威伯司特（Webster）論巫術一書，亦說明原始社會的咒術者，搜集藥用植物，依其形狀、色彩分類，可作醫藥之用。㊆葛洪表現於抱朴子仙藥篇較諸金丹、黃白等尤具巫術色彩。古代巫醫本即不分，所謂醫巫（medicineman）與薩滿（shaman）即以其秘傳的醫術治病。漢代醫書及圖緯皆頗載神奇藥物及其效能，仙藥篇說：

「神農四經曰：上藥令人身安命延，昇為天神，遨遊上下，使役萬靈，體生毛羽，行厨立至。又曰：五芝及餌，丹砂、玉札，曾青、雄黃、雌黃、雲母、太乙禹餘糧，各可單服之，皆令人飛行長生。又曰：中藥養性，下藥除病，能令毒蟲不加，猛獸不犯，惡氣不行，衆妖併辟。又孝經援神契曰：椒薑禦濕，菖蒲益聰，巨勝延年，威喜辟兵，皆上聖之至言，方術之實錄也。」

神農經乃漢代總輯的醫籍託諸黃帝者，爲醫書總彙，歷代養生家多徵引此說：如嵇康、張華等。至於圖緯之類：如詩含神霧、河圖玉版等，多言服白玉膏、玉漿成仙等事，也是反映出古來卽流行的服食藥方的現象。

葛洪以爲「仙藥之上者丹砂，次則黃金，次則白銀，次則諸芝，次則五玉，次則雲母，次則明珠，次則雄黃，次則石中黃子，次則石桂，次則石英，次則石腦，次則石硫磺，次則石粭，次則曾青，次則松柏脂、茯苓、地黃、麥門冬、木巨勝、重樓、黃蓮、石韋、楮實。」類似的觀念代表漢晉時期的本草思想，將金石藥置於上品，而較不能正視草藥的價值。六朝的煉丹士多兼擅醫術，但醫藥的應用爲醫家共通的專業技術；而道士所得意的是金石及一些較奇特的仙藥，自然特別推崇一般醫生所不能燒煉的丹藥。葛洪在抱朴子中一再強調將藥分品以定出高下之說，因此，仙藥篇雖已及於平常的本草植物等，卻仍偏重於奇特的藥類。其後陶弘景在整理本草，其實仍不能免除以丹藥爲上的觀點，這是研究本草學所應注意的事。㈥仙藥篇的基本觀念與金丹、黃白兩篇相同，依據巫術性思考原則運用於藥物的採集、服食；有些則與醫學有關：像引「中黃子服食節度」說：「服治病之藥，以食前服之」因「以病攻病，旣宜及未食、內虛、令藥力勢易行；養性之藥，以食後服之」，因怕食前服藥，力未行而被穀驅之下去不得止，則無益，多頗符合藥性之理。至於說服藥養性，宜與五行相配，則是漢人的說法，出於玉策記及開明經：

「若本命屬土，不宜服青色藥；屬金，不宜服赤色藥；屬木，不宜服白色藥；屬水，不宜服黃色藥；屬火，不宜服黑色藥。以五行之義，木尅土，土尅水，水尅火，火尅金，金尅木故也。」

以五行生剋，解說人年命之所在，作爲服藥的依據，自是機械論的說法，葛洪與漢代舊學的關係可想而知。

這一部分就將有關仙藥的部分，按照礦物，芝菌及植物略加解說，葛洪是兼取論證合一的筆法敍述：有論述與舉例，其例證多採自仙傳及雜記，剛好可與六朝流行的筆記小說相與參證。所以以仙藥篇爲主，兼及當時的筆記，借以闡述其服食傳說。

## (1)玉石的服食傳說

服玉之風，源於先秦，周禮已有「王府玉齊則共食玉」之說，而山海經在西山經部分，凡產玉地區都強調玉可服食，「抱朴子」佚文有「崑崙及蓬萊，其上鳥獸飲玉井（泉），皆長生不死」（御覽二十）就是古來的服玉說。葛洪引述玉經之言：「服金者壽如金，服玉者壽如玉」及「服玄眞者，其命不極」——玄眞，玉的別名，正是傳達玉石的屬性：

「玉脂生於玉之山，常居懸龜之處，玉膏流出，萬年已上則凝而成脂，亦鮮明如水精，得而末之，以無心草汁和之，須臾成水，服一升得一千歲也。」（仙藥篇）

山海經西次三經峚山條云：「……其中多白玉，是有玉膏，其源沸沸湯湯。」郭璞引河圖緯證之，河圖玉版：「少室山，其上有白玉膏，一服即仙矣。」詩含神霧：「少室之山巓，亦有白玉膏，得服之，卽得仙道，世人不得上也。」都是葛洪服玉說的淵源。

服玉也有方法，一種是化爲水液：

「玉可以烏米酒及地榆酒化之爲水，亦可以葱漿消之爲粭，亦可餌以爲丸，亦可燒以為粉，服之一年已上，入水不霑，入火不灼，刃之不傷，百毒不犯也。不可用已成之器，傷人無益，當得璞玉，乃可用也。」

璞玉爲初出礦之玉，化爲液體可以服食。一種是磨爲玉屑，作粉末狀：

「玉屑服之與水餌之，俱令人不死。所以為不及金者，令人數數發熱，似寒食散狀也。若服玉屑者，宜十日輒一服雄黃丹砂各一刀圭，散髮洗沐寒水，迎風而行，則不發熱也。」

服玉的反應，與魏晉盛行的服寒食散相似，應與其所含的藥性有關。他強調璞玉，並指明地區如于闐國白玉，與山海經的產玉地區，都因新出的玉具有礦物藥的特性，需經指點始可服食，就如五石散（石鐘乳、石硫黃、白石英、紫石脂、赤石脂），服食都有禁忌與艮法，始可得益，至六朝時期服石者多，服玉之風已較少。

雲母凡有五種，爲雲英、雲珠、雲液、雲母、雲沙，也是礦物。其顏色不同，因而服食者宜按季節所屬的顏色服用，也是典型的五行說的運用：

「五色並具而多青者名雲英，宜以春服之。五色並具而多赤者名雲珠，宜以夏服之。五色並具而多白者名雲液，宜以秋服之，五色並具而多黑者名雲母，宜以冬服之。但有青黃二色者名雲沙，宜以季夏服之。畾畾純白名磷石，可以四時長服之也。」

這些雲母石也是具有不敗不朽的屬性：「他物埋之卽朽，著火卽焦，而五雲以納猛火中，經時終不然，埋之永不腐敗，故能令人長生也。」不燃不腐之物要服用時，需化爲液體：可以桂葱水玉化之、以玄水熬之、以硝石合於筒中埋之、或以秋露漬之，成爲水液，就可服用：一年百病除、三年返老還童、五年可役使鬼神，入火不燒、入水不濡，得見仙人；十年則雲氣常覆其上，因爲「服其母以致其子，理自然也」——又是巫術性思考的方式。

服食較硬之物均需化爲水液，道士大抵已能運用一些溶液，引起化合作用。這些溶解法，溶解雄黃：以蒸煮之、以硝石溶化、以玄胴腸（或豬胴）裹蒸之、以松脂和之，溶解以後服食。銀則以麥漿化之、以龍膏煉之，或以朱草酒餌之。眞珠可以酪漿漬之、以浮石水蜂窠化之、包形蛇黃合之，將這些硬物溶化、液化，所引起的化學變化，當時道士不易瞭解，卻強調其藥效，能使「三尸下」、「九蟲悉下」；且可役使玉女，以致行厨。能去體內寄生蟲，這是有待進一步驗證的事，值得注意。

## (2)神芝的服食傳說

服芝是仙藥中的要法，凡有五大類，類有百許種：石芝、木芝、草芝、肉芝、菌芝。其中詳述芝的形狀產地及服用方法，遐覽篇著錄有木芝圖、菌芝圖、肉芝圖、石芝圖、大魄雜芝圖，有圖故易於辨識與採取。由於芝的形狀、顏色及其中所含的特殊成分，方士、道士早就從實際經驗中有所證驗，因而形成靈芝的形象。芝的靈驗神秘化道士採芝的行爲，仙藥篇在石芝及菌芝分別論述之：

「非久齋至精，及佩老子入山靈寶五符，亦不能得見此輩也。凡見諸芝，且先以開山却害符置其上，則不得復隱蔽化去矣。徐徐擇王相之日，設醮祭以酒脯，祈而取之，皆從日下禹步閉氣而往也。」

「欲求芝草，入名山，必以三月九月，此山開出神藥之月也，勿以山佷日，必以天輔時，三奇會尤佳。出三奇吉門到山，須六陰之日，明堂之時，帶靈寶符,牽白犬,抱白鷄,以白鹽一斗,及開山符檄,著大石上,執吳唐草一把以入山,山神喜,必得芝也。又采芝及服芝,欲得王相專和之日,支干上下相生為佳。」

從求芝、採芝、服芝,需擇日入山、帶靈符、禮物及配合時日,都可見芝的神秘性。靈芝在神仙服食傳說中的地位,實與道士對於芝的信仰有關,李約瑟指出芝菌類,可能具有迷幻作用,這些迷幻物質在宗教儀式,或個人修爲中曾被使用。㊅從近代藥物學解說芝菌的化學成分,必有助於解開靈芝之謎。

石芝凡有九種:石象芝、玉脂芝、七明九光芝、石密芝、石桂芝、石中黃子、石腦芝、石硫黃芝、石硫丹等,載於太乙玉策及昌宇內記中。從葛洪的敍述中,推知石芝仍屬礦石類,玉脂芝卽爲玉脂、石蜜芝卽爲石鍾乳;而石中黃子是破大石中所得的赤黃溶溶的石漿,嵇康與王烈入山,見山石裂開而有石髓,未飲而凝爲石。(晉書本傳)葛洪也說服法,「當及未堅時飲之,旣凝則末服也」,就是研末而服。圖上共有百二十種。

木芝凡有十一種:木威喜芝、千歲之栝木、飛節芝、樊桃芝;參成芝、木渠芝、建木芝；黃盧子、尋木華、玄液華；黃蘗檀桓芝，圖上共有百二十種。其中建木芝傳說出於山海經，爲上下於天的通天大樹，故說服之「白日昇天」，餘均與時間的久遠有關：括木千歲、松樹枝三千歲、黃蘗千歲，服食這些千歲神木所生的芝菌，就傳達其神秘力；至於木威喜芝則萬歲茯苓所生，也是久壽之物。「玄中記」曾說：「松脂淪入地中，千歲爲茯苓，伏神。」又說：「楓脂淪入地中，千秋爲虎珀。」列仙傳載服食松脂可成仙，則相關的茯苓（靈）、木威喜芝，自也可成仙。

草芝凡載有九種：獨搖芝、牛角芝、龍仙芝、麻母芝、紫珠芝、白符芝、朱草芝、五德芝、龍銜芝；而圖上也有百二十種，服後可得千歲。其中龍仙芝的描述與宋顧歡道迹經所錄的大體相同：

> 「龍仙芝，狀如昇龍之相負也，以葉為鱗，其根則如蟠龍，服一枚則得千歲矣。」（仙藥篇）
>
> 「第一芝名龍仙芝，似交龍之相負也，以葉為麟，其根如蟠龍，得而食之，拜為太極仙卿。」（道迹經）

兩條資料是據同一資料，抑是道迹經所抄的茅君內傳襲用抱朴子，不易判斷，當是葛洪之說在先,只說得千歲之壽;而道迹經依太清藥品、太極藥品等,列爲太極仙卿所服之物。㊁另一種菌芝,生於深山、大木下、岩側,也有各種形狀與顏色,禹步採取,服用也可千歲。

木芝、草芝及菌芝三種,性質相近,均屬於菌類。因而菌芝,有些是具有毒性,不可服食;有些具有迷幻性,在宗教儀式中使用,靈芝的發現與運用,應源於古之巫師或方士,利用芝菌的迷幻性於其巫醫行爲中。爲了辨識,各類芝圖常秘傳於方士、道士的手中;而六朝筆記也常神化其說,大多取材於兩漢緯書之類,張華的「博物志」說:「名山生神芝不死之草:上芝爲車馬,中芝爲人形,下芝爲六畜。」(卷一)所以芝常有依形狀命名的。上清經派的「海內十洲記」所載元洲、生洲、瀛洲就多生五芝、神芝;王嘉「拾遺記」也載岱與山有蒼芝(卷十),可見草木之芝與海上仙島結合,爲初期仙說常見的傳說,爲神仙不死的靈藥。

五種芝之中,以肉芝最爲奇特,名爲芝,其實是久壽的動物:凡有千歲蝙蝠、千歲靈龜、千歲燕及風生獸等,圖上也有百二十種。對俗篇載有長壽之物,特別說明是出自玉策記及昌宇經,仙藥篇所引述的肉芝圖,應有相通之處。服食長壽之物可以成仙,仍是巫師中的屬性傳達原理。類似的說法遍見於六朝筆記中,可作爲當時通行的傳說，葛洪只是多讀道書，又能賦予理論，置於養生思想的體系中，因而特別傑出。

抱朴子說：「肉芝者，謂萬歲蟾蜍，頭上有角，頷下有丹書八字，再重，以五月五日中時取之，陰乾百日，以其左足畫地，即爲流水；帶其左手於身，辟五兵：若敵人射己者，弓弩皆反還自向也。」（仙藥）此實古巫術的遺說，故視其形狀奇特之物，具巫術作用。玄中記所載之物相近：

「千歲蟾蜍，頭生角；得而食之，壽千歲。又能食山精。」（玄中記）

抱朴子說：「千歲蝙蝠，色白如雪，集則倒懸，腦重故也。此二物（蟾蜍及蝙蝠）得而陰乾末服之，令人壽萬歲。」蝙蝠爲古來福壽的象徵，其飛翔能力爲天仙的重要形相，故六朝時期有此虛誕的傳說：

「蝙蝠，一名仙鼠，一名飛鼠，五百歲則色白，腦重……食之神仙。」（古今注）

「百歲伏翼，其色赤，止則倒縣；得而服之，使人神仙。」（玄中記）

「千歲伏翼，白；得食之，壽萬歲。」（玄中記）

「梁有五色蝙蝠，黃者無腸倒飛，腹向天；白者腦重，頭垂自挂；黑者如烏，至千歲，形變如小燕；青者毫毛長二寸，色如翠；赤者止於石穴，穴上入天，視日出入，恒在其上。」（拾遺記岱輿梁條）

山海經言羽民：「其爲人長頭，身生羽。」（海外南經六）考漢人畫仙人的形象：頭蓋骨突起如瘤，即此類構想，爲後世壽星頭顱的最初造型。

抱朴子又說：「千歲靈龜，五色具焉，其雄額上兩骨起似角，以羊血浴之，及剔取其甲，火炙擣服，方寸七日三盡一具，壽千歲。」龜爲四靈之一，漢四獸鏡，北玄武即指龜，故稱靈龜，神龜，王充曾載漢時的傳說：「龜生三百歲大如錢，游於蓮葉之上，三千歲青邊緣，巨尺二寸。」（論衡十四）葛洪所錄的也有相似之處：「玉策記曰：千歲之龜，五色具焉，其額上兩骨似角，解人之言，浮於蓮葉之上，或圳叢著之下，其上時有白雲蟠蛇。」（對俗篇）六朝筆記也有類似的記載：

「龜千年生毛，龜壽五千年，謂之神龜，萬年曰靈龜。」（述異記）

「西有星池千里，池中有神龜，八足六眼，背負七星，日月八方之圖，腹

有五岳四瀆之象，時出石上，望之煌煌如列星矣。」（拾遺記十員嶠山）

千歲燕，在當時傳說中較少見，但另有一種千歲鶴、千歲鵠，也是靈禽。但在神仙傳說中常作爲坐騎，而不是服食之物：

「鶴壽千歲，以極其游。」（淮南子說林訓）

「鶴千歲則變蒼，又二千歲則變黑，所謂玄鶴也。」（古今注）

所以葛洪也錄下有關靈鶴的傳說「千歲之鶴隨時而鳴，能登於木，其未千載者，終不集於樹上也。色純白而腦盡成丹。」（對俗篇）

至於風生獸也是異常之物，普遍流傳於當時的筆記中，葛洪也是有所承襲：

「風生獸似貂，青包，大如貍，生於南海大林中，張網取之，積薪數草以燒之，薪盡而此獸在灰中不然，其毛不焦，斫刺不入，打之如皮囊，水鐵鎚鍛其頭數千下，乃死，死而張其口以向風，須臾便活而起走，以石上菖蒲塞其鼻，卽死，取其腦，以和菊花服之，盡十斤，得五百歲。」

風生獸傳說亦見載於述異記。俞樾諸子平議補錄又錄玉篇、廣韻引異物志，云有風栂獸(卷十一)十洲記將其抄入炎洲記事。㊂因風而活,風即氣息即生命力,故服用也可傳達其旺盛的生命力。「抱朴子」佚文中還有十七種芝,俱可見芝是重要的仙藥。

## (3)植物性仙藥的服食傳說

葛洪在仙藥篇敍述的植物性仙藥不多,且多以服食傳說爲主,而引述藥方較少。因爲草木之藥在金丹大道的立場,只是治病療疾之藥,而非長生不死之藥;而且醫家常用,並無長生的事實,自不宜將其神化。其中所舉的事例有些也見於魏晋筆記中,可據以考察其間資料的襲用,瞭解仙道思想對於筆記小說的影響力。

仙藥篇載兩則特殊的飲水,足以延壽,其一爲丹砂水,在葛洪的服食物中,「仙藥之上者丹砂,次則黃金。」丹砂爲天然礦物,功效奇特,因此丹砂水也有妙用。其傳聞爲「余亡祖鴻臚少卿曾爲臨沅令」所得的,可用以證明「餌煉丹砂而服之」必有大效。今本「搜神記」卷十三收錄,如非後人羼入,則爲干寶得見「抱朴子」,因而採入:

「臨汜縣有廖氏，世老壽。後移居，子孫輒殘折。他人居其故宅，復累世壽。乃知是宅所為，不知何故，疑井水赤，乃掘井左右，得古人埋丹砂數十斛；丹汁入井，是以飲水而得壽。」

則大體襲用。臨汜爲臨沅之誤，屬武陵郡。干寶省略首尾的文字，純作搜神記文體；而其他文字

葛洪又記一則甘谷水，爲南陽地區的傳聞，敍述的筆調極其平實，且引南陽太守服食其水作證，屬於實事；但其事跡與當時流傳的仙境小說可以相互啓發：

「南陽酈縣山中有甘谷水，谷水所以甘者，谷上左右皆生甘菊，菊花墮其中，歷世彌久，故水味為變。其臨此谷中居民，皆不穿井，悉食甘谷水，食者無不老壽，高者百四五十歲，下者不失八九十，無夭年人，得此菊力也。」

陶潛桃花源記有落英繽紛於溪水的情境，可與菊花墮落谷水相媲美，江南地區多川谷，易於產生類似甘谷中人的服食傳說，因而王暢、劉寬、袁隗等到官要酈縣月送甘谷水四十斛以爲飲食，所患的風痺及眩冒，得以痊癒。菊可服食，漢魏以下，菊花亦爲服食品之一。抱朴子引「仙方所謂日精更生，周盈皆一菊，而根莖花實異

名。其說甚美。」周處風土記云：「日精、治蘠，皆菊之花莖別名也。生於水邊，其華煌煌，霜降之時，唯此草盛茂。九月律中無射，俗尙九日，而用候時之草也。」（初學記卷七）則漢末陽九與菊服已聯結爲民俗。其別名也稱「日精」，其食法或爲菊花酒：

「九月九日佩茱萸，食蓬餌，飲菊華酒，令人長壽。菊華舒時並採莖葉雜黍、米釀之，至來年九月九日始熟，就飲焉，謂之菊華酒。」（西京雜記）

「宣帝地節元年有背明之國來貢其方物，有紫菊，謂之日精，一莖一蔓延及數畝，味甘，食者至死不饑渴。」（述異記）

九月九日可采菊花，見於崔寔「四民月令」；而魏文帝「九日與鍾繇書」闡說芳菊，紛然獨榮，「含乾坤之純和，體芬芳之淑氣」，並引「屈平悲冉冉之將老，思餐秋菊之落英」爲證，認爲「輔體延年，莫斯之貴，謹奉一束，以助彭祖之術。」服食菊花傳達純和、淑氣，爲巫術性思考方式，而菊本身也確有藥效。有關菊花的各種服食盛行於漢晉之際，爲服食之物，也是仙道意象，鍾會菊賦說：「流中輕體，神仙食也」，潘尼秋菊賦：「汎流英於青醴，似浮萍之隨波」；以及寫菊花詩最有特色的陶潛，俱有菊花一意象絡繹於筆下，這是當時的民俗，文士喜好，一般人士也服食，所以梁宗懍「荊楚歲時記」記載：楚俗九月九日飲菊花酒，菊花的服食已成爲歲時節日中極有詩情畫意的節目。

松柏爲長青植物，神仙家特別強調其所具千歲的特性，松的葉子、菓實俱被視爲服食之物，葛洪引用秦宮女食柏葉、松實，能不饑不渴、冬不寒，夏不熱，至漢成帝時被獵者圍捕，已達二百許歲。其事與「列仙傳」毛女傳說相同；唯漢成帝時爲人捕得，稍有不同。干寶也曾引述偓佺傳說，也採自「列仙傳」：

「偓佺者，槐山採藥父也。好食松實。形體生毛，長七寸。兩目更方，能飛行逐走馬。以松子遺堯，堯不暇服。松者，簡松也。時受服者，皆三百歲。」（搜神記一）

服食松脂，則有趙瞿傳說，葛洪說：「余又聞上黨有趙瞿者」，則事屬傳聞，因其人病癩歷年，被棄穴中，仙人敎以服食松脂，長服之後，身輕體健，夜見綵女，在人間三百許年，後入抱犢山爲地仙。「列仙傳」也有常食松脂，終成仙人之說。至於柏實，則「列仙傳」有赤松子服食，「齒落更生，行及走馬」；而較近的食柏傳說，則收錄於劉敬叔「異苑」中：

「漢末大亂，宮人小黃門上墓樹上避兵，食松柏實，遂不復饑，舉體生毛，長尺許，亂離旣平，魏武聞而收養，還食穀，齒落頭白。」（異苑八）

基於松、柏爲長壽的植物，且在戰亂中常有不得已以松柏爲食的情況，經久適應，而有特殊的生理現象。類似的傳說，毛女、宮人之類，大多是同一母題的衍化，流傳於不同時地，而形成敍事稍有不同的傳說。值得注意的是秦宮女食穀之後二年，「身毛脫落，轉老而死」；而宮人「還食穀，齒落頭白」，雖是一事的分化，但俱可表現仙道思想中，還食人間之物，重作人間之人，也就重蹈人間的老、死的命運，在敍事的流傳中應具有較深刻的象徵意義的。

葛洪所載的植物性仙藥，與本草有關的有一服朮傳說，也是採自南陽地區，文氏先祖在漢末避難山中，饑困欲死時，有人敎以食朮，遂不饑，達數十年，也是身輕體健，不懼高險及冰寒；又見仙人博戲等。類此亂世的神話，葛洪採信之，並論證以神農經：「必欲長生，常服山精。」因朮，一名山薊，一名山精。其友人嵇含「南方草木狀」也有服朮之事，仙藥篇仙人八公中的林子明也服朮：

「藥有乞力伽，朮也，瀕海所產，一根有至數斤者，劉涓子取以作煎，令可丸，餌之長生。」（南方草木狀）

「林子明服朮十一年，耳長五寸，身輕如飛，能超踰淵谷二丈許。」

仙藥篇載黃精：「黃精一名菟竹，一名救窮，一名垂珠。服其花，勝其實，服其實，勝其根，但花難多得。得其生花十斛，乾之，纔可得五六斗耳，而服之日可三合，非大有役力者不能辦也。服黃精僅十年，乃可大得其益耳。俱以斷穀，不及朮。求餌令人肥健，可以負重涉險，但不及黃精甘美易食，凶年可以與老小休糧，人不能別之，謂為米脯也。」這也是亂世神話：一名救窮，就是饑荒歲月的食物；而朮也是凶年休糧所食的野生植物。神仙傳說中有些修眞者是識得藥草而服食；但因幽隱山林，採取山中野生植物服食，也有不得已的情況，葛洪自是知道「列仙傳」中，有脩羊公，時取黃精食之的傳說，自撰「神仙傳」也載服黃精事：

「王烈者，字長休，常服黃精及鉛，年三百三十八歲，猶有少容，登山歷險，行步如飛。」（神仙傳六）

「尹軌者，字公度，常服黃精華，月三合，計年數百歲，後到太和山中仙

去也。」(神仙傳九)

神仙傳說爲葛洪論證的主要材料,「神仙傳」爲與「抱朴子」相輔相成的仙傳,仙藥篇就有仙人八公事,其中所列仙藥又有萬蒲,葛洪傳述:「韓終服菖蒲十三年,身生毛,日視書萬言,皆誦之,多袒不寒。又菖蒲生須得石上,一寸九節已上,紫花者尤善也。」同時嵇含也有類似的記載,「番禺東有澗,澗中生菖蒲,皆一寸九節,安期生採服僊去。」(南方草木狀一)嵇含仕廣東,採集服食的藥物,葛洪也熟知其書。仙傳所載,如:

「商丘子西者……不娶婦而不老,邑人多奇之,從受道,問其要,言但食朮、菖蒲根,飲水,不饑不老,如此傳世,三百餘年。」(列仙傳下)

「王興聞仙人教武帝服菖蒲,乃採服之不息,遂得長生。」(神仙傳二)

仙藥篇所載的植物尚有多種:桂、胡麻(巨勝)、桃膠、柠木實、槐子,以及玄中蔓方、楚飛廉、澤瀉、地黃、黃連之屬,凡三百餘種,皆能延年;又有靈飛散、未央丸、制命丸、羊血丸等丸散,皆今人駐年卻老。葛洪一生飽覽前代的醫藥圖籍，且有能力批判其優缺點，因而自己撰述整理多種醫書，在醫學理論及臨床經驗上俱極豐富，因能深知藥性；論服食藥方，神化其效能至於長生，自是神仙家的通說，但一些確實可行的方子，則是本草醫學的知識，如胡麻服之，可「耐風濕，補衰老」的敍述筆法，就平實可信。六朝人士所撰筆記，常混淆神話與實事，服食傳說就兼具神話的想像力與科學的實證性，爲仙道文學的表徵。

## 附　註

㈠ 張子高，「中國古代化學史」。

㈡ 陳國符，「道藏源流考」，頁九〇—九一。

㈢ 王明，「抱朴子內篇校釋」，頁二九〇。

㈣ Sir Frager 在「金枝篇」(The Golden Bough)，(N.Y. 1960) 以原始人不能分別超自然巫術與實際技術，因而有擬似科學 (Pseudo-science) 之說；而 Malinowski 則據初步蘭島 (Trobrand Island) 出海捕魚，已能分清什麼情況需用巫術——大多是人力不能控制的情況。本書借以說明葛洪當時之人在煉丹時，尚未能完全控制化學操作的情況，故有類似的行爲。此說參李亦園，「宗教人類學」，收於「文化人類學選讀」(臺北，牧童，民國六十年) 頁二四〇—二四一。

㊄ 山田慶兒，「中世の自然觀」，收於「中國中世紀科學技術史の研究」（京都）九頁八五；此文引人類學的觀念作解釋，頗富啓發性，本書曾參考其說，特此註明。
㊅ 同㊃。
㊆ 李約瑟，「中國之科學與文明」㈢，頁一五五。
㊇ 勞榦，「中國丹砂之應用及其推演」，刊於「史語所集刊」七期（民國二十七年），張子高，「中國古代化學史」。
㊈ 見 Frazer 前引書。
㊉ 吉田光邦，「中世の化學と仙術」，收於「中國中世紀科學技術史の研究」。
⑪ 參「古代煉丹術中的化學成就」，收於「中國古代的科技」（上）「臺北，明文，民國七十年），頁二三七。
⑫ 同右，頁二二八。
⑬ 同右，頁二三二—二三四。
⑭ 又參王奎克，「中國煉丹術中的金液和華池」，收於「科學史集刊」。
⑮ 辯論情形參見「誹韓案論戰」（臺北，東府，民國六十七年）。
⑯ 李約瑟，「中國之科學與文明」（十四）（臺北，商務，民國七十一年）頁三〇一—三四九。

⑰見 **Frazer** 及山田慶兒前引書。

⑱參渡邊幸三，「陶弘景の本草に對する文獻學的考察」，刊「東方學報」（京都）二十冊（一九五一），那琦。「本草學」（臺北，南天，民國六十三年）。

⑲同⑯李約瑟前引書，頁二二六—二三一。

⑳拙撰，前引「漢武內傳之著成及其流傳」。

㉑拙撰，前引「十洲傳說的形成及其衍變」。

# 十一、抱朴子的存思法術

葛洪在「抱朴子」中推尊爲至要的另一道法是守一法。守一爲存思的法術，而鄭思遠傳授葛洪的存思法，大多摘要敍述於地眞篇，及相關的篇卷，如雜應、微旨等。當時流行的存思法，依其傳授所錄，種類頗多，地眞篇說：

「吾聞之於師云：道術諸經，所思存念作，可以卻惡防身者，乃有數千法。如含影藏形，及守形無生，九變十二化二十四生等，思見身中諸神，而內視令見之法，不可勝計，亦各有效也。然或乃思作數千物以自衞，率多煩難，足以大勞人意。若知守一之道，則一切除棄此輩，故曰能知一則萬事畢者也。」

卻惡防身的道術，凡有數千法，這是鄭思遠所描述的晉世以前的存思法的情況，可以概知兩漢方士已在存思的方法中獲致相當的成就。

遐覽篇所著錄的，應屬較重要的存思法，大概有十餘種，從內寶經至觀天圖，凡十七種；各爲一卷。而前有九生經、二十四生經；後有黃庭經，內視經、歷臟延年經等，再加上不易從書名判斷，但相連著錄的總數達二十種之多，可知「不可勝記」，確有其事。葛洪說存思法雖多，也率多煩難，只有守一之道最爲至要。因此要瞭解存思法，需要比較說明當時性質相近的方法，才可顯出守一法的特色。

## ㈠從歷臟內視到黃庭守一

葛洪在地眞篇所說的：「思見身中諸神，而內視令見之法」，一方面是涵括諸種存思法：舉凡守形圖、坐亡圖、觀臥別圖、含景圖、觀天圖及內視經、文始先生經、歷臟延年經，都被括於「含影藏形及守形無生」一句中。另九生經、二十四生經、九仙經、靈卜仙經、十二化經、九變經等，則被括於「九變十二化二十四生等」一句，這是頗稱完備的一張有關存思法的書目。另一方面書目又隱含著從素樸的歷臟內視法，發展到黃庭經、淵體經、太素經等，已逐漸近於上清經派的養生法，其衍變是朝向精緻而複雜的深化方向。葛洪生存的時地——東晉前後的句容，讓他有機緣一睹存思法的進展情形，故一一筆錄於書中。

在「抱朴子」中，論仙篇敍及養生法，需「掩醫聰明，歷臟數息，長齋久潔，躬親爐火……以飛八石。」歷臟數息爲身心修煉的基本方法；而在極言篇，也提到「帶神符，行禁戒，思身神，守眞一」，是防禦形軀、卻除惡鬼的精神術；另在「神仙傳」老子傳也提及「思神歷臟」法的事。葛洪認爲歷臟思神也是有效的養生法之一，而確實歷臟法早已普遍爲漢末醫家及神仙家所運用。

歷臟法與兩漢醫學對人體臟腑的知識有關，淵源於宮廷與民間的醫術，進展至兩漢，更有長足的進步，經整理的醫書均已能清楚說明五臟與其知覺作用，像「黃帝內經素問」、「黃帝八十一難經」等，都載明心、肝、脾、肺、腎爲五臟，這些器官掌管人的知覺，如神、魂、意（或智）、魄及志（或精）等。中國古醫學基於長期的經驗；累積解剖學的知識與豐富的觀察，又使用陰陽五行等思考模式，確也建立一自成系統的醫學體系。道術者既然關心養生，自對醫藥有專精的研究；但也因其所具的宗教、巫術色彩，而另有其發展的方向，歷臟內視即爲神秘化的五臟說。

將人體的各器官、部位神格化，是神秘化的第一步：緯書龍魚河圖說「髮神名長耳，耳神名嬌耳，目神名珠映，鼻神名勇盧，齒神名丹朱，夜臥呼呼，有患亦便呼呼九過，惡鬼自卻。」（御覽八八一）這是黃庭內景經「泥丸百節皆有神」所述身神的來源。因而五臟等內在器官也有神名，應也是兩漢舊有的說法，因此漢末道經「太平經」吸收其構想，形成一畫圖存思的修練法。太平經廣泛吸取兩漢通行的陰陽五行說爲其中心思想，結合五方位、五方色及四時五臟，而有畫像懸掛於靖室的道法。

太平經乙部有「以樂治身守形順念致思卻災」的方法，說明人神生內而返遊於外，故需追還之，其方法是「使空室內傍無人，畫像隨其藏色，與四時氣相應，懸之窗光之中而思之。上有藏象，下有十鄉，臥即念以近懸象，思之不止，五臟神能報二十四時氣，五行神且來救助之，萬疾皆愈。」（王明校本、頁十四）㊀雖然考古資料僅能證明漢人有懸象於壁的習慣，卻未見五臟神的相關文物。但經中描述靖室懸象，極爲詳盡，「男思男，女思女，皆以一尺爲法，隨四時轉移：春，青童子十；夏，赤童子十；秋，白童子十；多，黑童子十；四季，黃童子十二。」童子各按季節、方色，共有五十二幅；而「二十五神人、眞人共是道德、正行法」，則是各季各方各爲五人。其法大約將五位神人、眞人懸爲主神；旁有各方色童子依其數侍立，依男思男，女思女，畫成一尺長的神像，懸掛於靖室窗光之中。在空室安靜的情形下思之不止，按照近世研究巫師（童乩）的修習情況，自會產生恍惚狀態，而有見神的經驗。歷臟法的宗教、巫術性，即是古巫與神交通的進一步發展。

太平經戊部三「眞道九首得失文訣」、戊部四「齋戒思神救死訣」俱論太平氣將至，出授道德，九度中第四爲「神游出去而還反」，五爲「火道神與四時五行相類」，在太平道的說法中，凡五臟神出遊不還，就有病象，「欲思還神，皆當齋戒，懸象香室中，百病消亡；不齋不戒，精神不肯還反人也。」（頁二七、二八）因此設法「思念五臟之神」，出遊時可與語言，隨神往來，不讓其出而不還。其次爲身神，「與五行四時相類；青、赤、白、黃、黑，俱同臟神」，也會出入往來。（頁二八二—二八四）太平經的中心思想仍是漢人氣化說：因而吸取外在之氣以彌補、增益內氣，爲食氣說的根本。太平道只是將它具象化、神格化，所以齋戒思神以救死，主要就在食氣的「大法」：

「四時五行之氣來入人腹中，為人五臟精神，其色與天地四時色相應也。」「此四時五行精神，入為人五臟神，出為四時五行神精。其近人者，名為五德之神，與人藏神相似。」（頁二九二）

這段訣語所說的方法與前述的大體相近，可以互參：「先齋戒居間善靖處，思之念之，作其人畫像，長短自在。五人者，共居五尺素上為之，使其好善，男思男，女思女，其畫像如此矣。」從以上所述，可以推知五臟神爲太平道的重要道法，太平經固然也接受醫書的五臟與知覺的關係（頁三六九、四二六）；但基於宗教的實際需要，因而構想出在靖室懸象，齋戒存思之法。太平道的敎法隨其敎區的擴張、經典的傳布，對於後來的五斗米道及上清經派具有啓示作用。㊂

五臟神說影響及仙道派老學，在老子注中據以爲注釋的基本觀念：「河上公注老子」使用「五神」一詞，見三章、五十九章；又強調清心寡欲的修養：「人能除情欲，節滋味，淸五臟，則神明居之也。」（五章）「治身者當除情去欲，使五臟空虛，神乃歸之也。」（十一章）爲典型的五臟有神之說，而襲用漢世醫學觀念的則為第六章「谷神不死」注：

「人能養神則不死，神謂五神臟也。肝藏魂，肺藏鬼，心藏神，脾藏意，賢藏精與志。五臟盡傷則五神去。」

守五神、保養五神之說，雖與歷臟說不盡相同，但同為漢世五臟神說的產物。㊂據信為葛玄一系的「老子節解經」也採五臟神說，所謂「得道則萬神皆來鳴於腹中，與子相見、言語，知身五神，元氣流馳。」（十三章）與太平經的說法相一致。節解經的養神說主要在守一，故說「一出入脾中，化宰變液，去故受新，以養五神。」發展出另一種守一與五臟說結合的新說，稍有異趣。

歷臟法雖可作為觀想身神，達到治病的自我醫療的效果，但漢末已有批評，較早的荀悅「中鑒」就說：「若夫導引蓄氣，歷臟內視，過則失中，可以治疾，皆非養性之聖術也。」作為治病的方法是被承認的，但並非是高明的道法，這是不能否認的事實。其最有力的攻擊則來自不同道法的道派，天師道系的寶典之一「想爾注」就指謫其為偽伎：

「世間常僞伎：指五臟以名一，瞑目思想，欲從求福，非也，去生遂遠矣。」（十章）

「今世間僞伎，指形名道，令有服色、名字、狀貌、長短，非也，悉邪僞耳。」（十四章）

「世間常僞伎，因出教授，指形名道，令有處所，服色，長短有分數，而思想之，若極旡福報，此虛詐耳。」（十六章）

敦煌寫本「想爾注」保存了當時道派發展的部分實態，㊂由其強烈的批評語氣，不僅可約略推知圖繪神像，以助齋戒存思的方法；而且進一步可據以推知因爲流行世間極爲廣泛，才被指謫爲虛詐、僞伎。㊃魏伯陽爲建立金丹道法，也曾攻擊當時的僞法，其中就有「是非歷臟法，內視有所思。」——陳顯微解爲「閉目內視，而思五臟之精元。」（道藏六二八）大概內視、歷臟爲同一性質的存思身神法，流行於神仙家，並爲世間所崇奉。五斗米道重道誡及房中，這種存思法非一般初入道的「鬼卒」所能奉行，而且爲建立道派的特色，故加以批評。魏伯陽則以金丹爲主，反對當時的道法，如內丹吐納、房中陰道、服符精思、鬼神祭祀及一般運動方式。㊄葛洪依博綜主義的立場，接受這種存思法，但並不認爲是最高明的道法。

黃庭經承歷臟法，而加以精緻化、體系化，其形成時代約在魏晉之際，魏華存大概即根據早期流傳於道士手中的稿本整理行世，而依託於仙眞的降授。現傳「黃庭內景經」、「黃庭外景經」大約在西晉末——即三世紀末四世紀初先後行世，根據葛洪引述相關的黃庭經事跡，如五原蔡誕所謫詠的仙經就有「黃庭」，遐覽篇著錄黃庭，尤其至理篇更有一般文字即闡述黃庭經義，可證黃庭經出世流傳的時間約在西晉末，而且從陝西到江南都有其傳本。內景經較常敍述身神的名稱、服色及其功能；而外景經則無。以「黃庭」爲名，中央脾臟居黃庭，則葛洪所引述的即爲「黃庭內景經」；惟外景經也流行於江南文士之間，常被抄寫。㊅

葛洪對於黃庭經的闡述，是基於人的心神修養，要隔絕外在世界的干擾，進而向內在世界探求，至理篇融合老莊養神哲學與神仙家的養形思想，有深入的闡述：

「是以遐棲幽遁，韜鱗掩藻，遏欲視之目，遺損明之色，杜思音之耳，遠亂聽之聲，滌除玄覽，守雌抱一，專氣致柔，鎮以恬素，遣歡戚之邪情，外得失之榮辱，割厚生之腊毒，謐多言於樞機，反聽而後所聞徹，內視而後見無朕，養靈根於冥鈞，除誘慕於接物，削斥淺務，御以愉慔，為乎無為，以全天理。」

反聽內視，玄學家談老莊時常只當作抽象性的思考；葛洪是反對虛談的，因而從仙道立場提出另一種證驗之道，內在的世界是可體驗的。因而引述「黃庭內景經」的內景說，作進一步的闡發：

「爾乃吹吸寶華，浴神太清，外除五曜，內守九精，堅玉鑰於命門，結北極於黃庭，引三景於明堂，飛元始以鍊形，采靈液於金梁，長駈白而留青，凝澄泉於丹田，引沈珠於五城，瑤鼎俯爨，藻禽仰鳴，瑰華擢穎，天鹿吐瓊，懷重規於絳宮，潛九光於洞冥，雲蒼（疑作倉）鬱而連天，長浴湛而交經，履躡乾兌，召呼六丁，坐臥紫房，咀吸金英，曄曄秋芝，朱華翠莖，晶晶珍膏，溶溢霄零，治飢止渴，百痾不萌，逍遙戊己，燕和飲平，拘魂制魄，骨填體輕，故能策風雲以騰虛，並混輿而永生也。」

這段文字是典型的葛洪筆法，採用四字、六字的句型鋪排而成華麗的雕飾文體，他

所依據的不是「黃庭外景經」，而是「黃庭內景經」。㊆

葛洪的闡述，是兼取其文字與臟腑說，然後融鑄成文：「堅玉鑰於命門」是「七蕤玉籥閉兩扉」、「閉塞命門保玉都」；「引三景於明堂」是「明堂金匱玉房間」、「內俠日月列宿陳」，「三明出華生死際，洞房靈象斗日月」；「長駈向而留青」是「齒堅髮黑不知白」；「凝澄泉於丹田」是「玄泉幽關高崔巍，三田之中精氣微」；「潛九光於洞冥」是「九幽日月洞空無」、「七曜九元冠生門」；「召乎六丁」是「眞人既至使六丁」；「咀吸金英」是「含潄金醴呑玉英」；「拘魂制魄」是「和制魂魄津液平」、「魂魄內府不爭競」，因爲葛洪嫺熟黃庭經，因而能巧妙融化其辭語於其行文中，表達內在世界的充沛生活力。

葛洪既夙習辭章，而黃庭經又以七言韻語寫成，其撰者雖不詳，但可信是能文的高道。葛洪在微旨篇又曾因「願聞眞人守身鍊形之術」之問，而有一段回答，也是採用黃庭經的文字敍述，他說是「先師之口訣」知之者不畏萬鬼五兵，則是鄭思遠的手筆：

> 夫始青之下月與日，兩半同昇合成一。出彼玉池入金室，大如彈丸黃如

橘，中有嘉味甘如蜜，子能得之謹勿失。旣往不追身將滅，純白之氣至微密，昇於幽關三曲折，中丹煌煌獨無匹，立之命門形不卒，淵乎妙矣難致詰。

解說吸收日、月的精華，在體內結成金丹，其狀大如彈丸、其色如黃橘，煌煌然，這是道敎史敍述內丹極爲珍貴的資料，描述得親切而生動，是煉內丹的高道所有的實際體驗。

遐覽篇所提的存思法道經，多與黃庭經有關：含景圖的景字，與黃庭內景、外景，都使用景字描述存思的狀態；原來景字，有多種含義；在字源上訓爲「日光」(說文)或「竟，所照處有竟限也」，也就是光明之處；又可訓爲象，景象表示有形之象。道敎使用景字，多與存思之法有關，所以黃庭內景經的釋題說：「外象喩，卽日月星辰雲霞之象。內象喩，卽血肉筋骨臟腑之象。心居身內，存觀一體之象色，故曰內景。」由於黃庭經存思內景，是神靈所居的光明之處，所以務成子注「景者神也」。其實，道敎存神的修行法，含景是存思體內光明之處，也就是存思身神，所以含景圖、守形圖乃至內視經都有相類之處。

漢書郊祀志提到「化色五倉之術」，李奇注：思身中有五色，腹中有五倉神。

五色存則不死，五倉存則不飢。」被認爲是存思五臟神最古的例子。㈧在漢代存思的方法有多種，後來爲黃庭經所吸收的，還有「內視經」、「二十四生經」，內視經大概是敍述內視令見身中諸神之法。崇文總目道書類三著錄「老子黃庭內視圖」一卷，道藏有「太上老君內觀經」一卷（傷字號、優字號），採用內視、內觀的名稱，大概也是基於同一構想，加上老子、老上老君只是尊老子爲神格化的道教之神，或崇慕老君，但與黃庭有關，則因內視身神爲其主要的修行法。

二十四生經可有兩種意義：一是指體內的身神，內景經說：「治生之道了不煩，但修洞玄與玉篇，兼行形中八景神，二十四眞出自然。」將人體分爲上中下三丹田，每一部分有八景神，就有二十四神，雲笈七籤卷八十有「洞玄靈寶三部八景二十四住圖」——續藏有「洞玄靈寶二十四生圖經」、道藏闕經目錄有「靈寶三部八景二十四生錄」，所以住爲生之誤。類此三八景二十四神的名字服色及形長，見於上清經系、靈寶經系中，所以二十四生經是與三八景二十四神有關的道經。但道書之名題爲「二十生經」，而不作「二十四景」或「二十四神」，應另有緣故。

二十四生經疑爲二十四星經，將三丹田說與存星之道結合。地眞篇一再出現存星解厄之說：「卽出中庭視輔星，握固守一」或「但止室中，向北思見輔星」；上清經派的「大洞眞經」最能闡述三八景二十四神與存星的關係：就是在心內存二十四星；又存每星中有嬰兒之形。存星之法就是星由口入身中黃庭，又存星化成二十四眞。這樣，二十四生也就是二十四星，仍是二十四眞、二十四神的黃庭經系的說法。

大概說來，從歷臟內視發展到黃庭守一，形式是從五臟神擴張爲三丹田八景神二十四眞，而在存思的方法上，由於上清經派對於神仙譜系愈加龐偉，就其精緻化、複雜化言，確已建立一內在的身神世界。「大洞眞經」的多種古上清經，均一再強調存思之法，且多與黃庭經有關，葛洪之後可說有更可觀的進展。

## ㈡守一說的淵源與衍變

葛洪在存思法中視爲至要的「守一」法，多保存於「地眞篇」；以地一括舉天一、人一；而眞則是二十四眞，故名地眞。所謂「守形卻惡，則獨有眞一」；而守一訣與九轉丹金液經，「皆在崑崙五城之內，藏以玉函，刻以金札，封以紫泥，印以中章焉。」都根據道經的神秘出世，強調守一爲當時道經中被矜爲禁秘的一種。要瞭解守一法在東晉前後句容地區的傳布情形，就需追溯其長遠的發展過程，乃是融合道家哲學及古巫、方士以下的存思法，至道派紛起之後被賦予新意，因而展開守一之說。

守一說爲道家轉變爲道教，在養神說中的最佳例證。因爲老、莊所發展出的本體論，一直是後世道家之徒的主要依據，但進路卻大有異趣：魏晉玄學家如王弼、何晏等，以玄學觀點解說宇宙的本體，大多偏於虛玄的清談。葛洪則從仙道立場反對，所有的神仙家並不是不讀老莊，而是從宗教哲學的觀點重加闡述。眞一之法就以老子之言爲據再賦予新解：

余聞之師云：人能知一，萬事畢。知一者，無一之不知也。不知一者，無一之能知也。道起於一，其貴無偶，各居一處，以象天地人，故曰三一也。天得一以清，地得一以寧，人得一以生，神得一以靈。金沈羽浮，山峙川流，視之不見，聽之不聞，存之則在，忽之則亡，向之則吉，背之則凶，保之則遐祚罔極，失之則命彫氣窮。老君曰：忽兮恍兮，其中有象；恍兮忽兮，其中有物。一之謂也。

將老子「昔之得一者，天得一以淸，地得一以寧，神得一以靈，谷得一以盈，侯王太一」（史記封禪書）將哲學意義的「一」宗教化，成爲與玄、道相近，具有生命力的神秘來源：說「一能成陰生陽，推步寒暑。春得一以發，夏得一以長，秋得一以收，多得一以藏，其大不可以六合階，其小不可以毫芒比也。」

鄭思遠、葛洪將老子「道」衍生「一」的生成論道教化；又接受道家的知一、守一說：「呂氏春秋」季春第三論反諸己之道，要「適耳目，節嗜欲，釋智謀，去巧故，而游意乎無窮之次，事心乎自然之塗，若此，則無以害其天矣。」這樣，才能知精、知神、知一，能夠知一知本，則可復歸於樸，與天地精神得一大和諧。「淮南子」精神訓所說「天地運而相通，萬物總而爲一，能知一則無一之不知也；不能知一，則無一之能知也。」尤爲知一說之所出。大概淮南子的原道，對於宇宙本體的道、玄、一，均啓示葛洪論暢玄、地眞的形上觀念，也是由道家轉向道教的關鍵。

葛洪守一說的直接淵源仍在道經，其中以「太平經」爲最重要，遐覽篇著錄有「太平經」五十卷，以初期太平經的流行，鄭、葛師徒必注意這部道經；今本雖經梁時上清經派改編，而大體保留其原有的思想。守一說爲其中心思想，即以篇名就有清身守一法（卷十五）、修一卻邪（二二）、守一明法（二七）、守一法（三八）、守一入室知神戒（九六）、守一長存訣（一百五十三），至於篇中所論足以啓發葛洪的：首爲一爲宇宙形成之說：「一者數之始也，一者生之道也，一者元氣所起也，一者天之綱紀也，故使守思一，從上更下也。」（王明合校本頁六。）其次述守一的方法：「當作齋室，堅其門戶，無人妄得入，日往自試，不精不安復出，勿強爲之，如此復往，漸精熟，卽安，安不復欲出，以不欲語視食飲，不欲聞人聲。關鍊積善，瞑目還觀形容，容象若居鏡中，若窺清水之影也。」（頁七二三）這是在靜室守一之法。守一的體驗，太平經有極清晰的描述：「一精明之時，若火始生時，急守一勿生：始正赤，終正白，久久正青，洞明絕遠，復遠還以治一，內無不明也。百病除去，守之無懈，可謂萬歲之術也。」又說「守一明之法，明有日出之光，日中之明。」（一六頁）關於守一的效果，太平經極力強調：「守一者天神助之……守一者延命。」（頁一二）又說「聖人教其守一，言當守一身也，念而不休，精神自來，莫不相應，百病自除，此卽長生久視之符也。」（頁七一六）鄭、葛之矜重守一，當與太平道派的守一法有關。㊈

五斗米道的「想爾注」也強調守一，而且依其崇信老子、「道德經」的教法，對於「載營魄抱一」有其獨特的注解：「一不在人身世。諸附身者悉世間常僞伎，非眞道也。一在天外地，入在天地間，但往來人身中耳，都皮裏悉是，非獨一處：一散形爲氣，聚形爲太上老君，常治崑崙。或言虛無，或言自然，或言无名，皆同一耳。」（十章）將「一」徹底神格化，其大可遍於宇宙，其小則往來於人身之中，爲一種無所不在的力量。五斗米道因神化老子，因而在訓注文字中，正式提出「太上老君」的名號，這是道敎史上出現較早的一項記載，六朝以後普遍使用——因而被懷疑這部老子注不會出現於東漢末。太平道強調道誡，而反對歷臟法，同一條注中就說：「今布道誡敎人，守誡不違，即爲守一矣；不行其誡，即爲失一也。」將道誡守一結合，確是敎導鬼卒的初奉道的敎法，流行於五斗米道的敎團中。

葛洪的守一說，一再強調是得自「先師」鄭思遠，因而葛玄所傳的道法中也應有守一的道法。目前所知的只有經嚴靈峯氏輯存的「老子節解經」，柳存仁氏懷疑節解經是否能在三國時代出現內丹說，㊁「抱朴子」所引述的守一說可作爲論證的資料；同時同一時代的道經也可作旁證。地眞篇說：

故仙經曰：子欲長生，守一當明；思一至飢，一與之糧；思一至渴，一與之漿。一有姓字服色，男長九分，女長六分，或在臍下二寸四分下丹田中，或在心下絳宮金闕中丹田也，或在人兩眉閒，卻行一寸為明堂，二寸為洞房，三寸為上丹田也。

葛洪常喜用「仙經」，這種泛稱使研究者不能明確知其來源：因爲遐覽篇同時著錄的太平經、節解經與黃庭經都有守一存思之法。所謂「守一當明」，太平經載有「守一明法」——「守一復久，自生光明，昭然見四方，隨明而遠行，盡見身形容，羣神將集，故能形化爲神。」（太平經聖君秘旨）縱使守一不完全襲用太平經之說，太平經的守一說也對初期道經具有啓發性。

節解經的養生思想中，守一說是中心思想，與三丹田說相與結合，成爲道敎派老學中最具突破性的見解：注中一再說行一、抱一及存一，尤其多處言明守一：凡有十一、二二、四一、四五、五十、五七等章；而將行一與丹田說一併出現的，凡有七、十七、六一等三章的注，襲用上丹田泥丸（在腦）、中丹田絳宮（在心），及下丹田精門（在氣海）的術語與作用，又以「一」循環灌注於丹田中：

「天長者謂泥丸也，地久者謂丹田也。泥丸下至絳宮，丹田上昇，行一上

下，元炁流離，百節浸潤，和氣自生，大道畢矣，故曰長生也。」（七章天長地久注）

節解所注釋的老子原意，自是神仙家的說法，但葛洪及其師鄭思遠確曾從葛玄的節解經中，承襲守一說，而且葛玄所說的「行一、愛氣、惜精，爲生之寶」（七十二章），也確是葛洪養生術的基本觀念。㊀

葛洪同時及稍後的東晉時期，上清經、傳也大量出世，在「上清大洞眞經目」中也有古上清經倡行守一說，現存道藏的「洞眞太上說智慧消魔眞經」（內字號），卷三爲守一品，解說奉道智慧，始能守一：所謂「智慧者守一，諦定心源，心源習俗，定道難弘，先當服符，服符卽驗。」如果道民「知一不守，守之不堅，堅不能久，非智慧也。」智慧經所述的諦念身神之法，可與葛洪所述行一於三丹田之說比較，代表東晉上清經派的道法：

「服佩符後，諦存三一，兩眉間上，却入一寸為明堂，二寸為洞房，三寸為上丹田，號泥丸宮。……心為中丹田……臍下三寸為命門丹田宮，方一寸，白氣衝天。」

其說法正是黃庭經系的三丹田說。道教初起，將兩漢醫學的人體結構說，與煉氣士所體驗的人體經絡說結合，組識成初具規模的丹田說，作爲守一、行一的指示，這是中國人體文化在道教興起之後，所獲致的高度成就。

守一說在東晉時期的道教，由於其中所具的神秘體驗，自是一種主要的道法，因而在傳授的科禁，就更加鄭重其事：地眞篇兩次強調其傳授的科律：

「此乃是道家所重，世世歃血，口傳其姓名耳。」

「受真一口訣，皆有明文，歃白牲之血，以王相之日受之，以白絹白銀為約，尅金契而分之，輕說妄傳，其神不行也。」

上清經派自是看重守一法的傳授；二許（謐、翽）除由魏華存、楊羲傳下黃庭經法；陶弘景「眞誥」更以眞授的方式強調其傳授的神秘性：許謐與雲林右英夫人問答，說明「守眞一篤者一年，使頭不白，秀髮更生。」（卷二）許翽則得周紫陽夢授守一法。（卷十七）——此事也載於紫陽眞人內傳。「眞誥」所錄多爲楊、許的降眞手迹；而「紫陽眞人內傳」是華僑所撰，也是許謐同時人，且世爲姻族。句容的葛、許也有姻親關係，黃庭守一的道法同時流傳於這些江南舊族之家，同時爲葛氏道、上清經派的主要道法，確是道教史上的一大盛事。

守一之法常與存星之法同爲神仙家所運用，借以發揮神奇法術。葛洪所述的守一存星爲典型的存思法術；除前述的出中庭視輔星、向北思見輔星二法，還有一段鄭思遠所說的口訣：

「吾聞之於先師曰：一在北極大淵之中，前有明堂，後有絳宮，巍巍華蓋，金樂穹隆；左罡右魁，激波揚空；玄芝被崖，朱草蒙瓏；白玉嵯峨，日月垂光；歷火過水，經玄涉黃；城闕交錯，帷帳琳瑯；龍虎列衛，神人在傍；不施不與，一安其所；不遲不疾，一安其室；能暇能豫，一乃不去；守一存真，乃能通神；少欲約食，一乃留息；白刃臨頸，思一得生；知一不難，難在於終；守之不失，可以無窮；陸辟惡獸，水却蛟龍；不畏魍魎，挾毒不蟲；鬼不敢近，刃不敢中。此真一之大略也。」

前半段所說的名詞，可作爲身中宮殿，也可視爲天上宮殿，正是大宇宙與人身小宇宙的對應關係，將人體與宇宙合一，自可存思於諸星之中：如北極、明堂、絳宮，以及罡、魁等，將星辰的神秘力量吸取在身，自可發揮其不可思議的妙用。

「神仙傳」卷十所載黃敬傳，說黃敬常入中岳，專行服氣斷穀爲吞吐之事，胎息內視。又實行存星法：「思赤星在洞房前，轉大如火周身。」他將內視、存星的道法教導道士王紫陽：「大闕之中有輔星，想而見之翕習成。赤童在焉指朱庭，指而搖之煉身形，消遣三尸除死名，審能守之可長生，失之不久淪幽冥。」神仙傳是與抱朴子並行的仙傳，一述神仙事例，一說神仙理論，都可相互印證：內視、守一、存星都借存思、冥想的方法，獲致長壽的效果。

上清經派所載的存思法中，也常有存星辰的秘法，陶弘景「眞誥」所錄的楊、許眞跡中，就有衆多存星法。因爲上清經派以大洞眞經爲主，較諸其他神丹之法、房中之法、導引行炁，食草木之藥爲高，所以常有「大洞眞經讀之萬過，便仙也，此仙道之正經」（卷五第十五）的說法，其中存思丹田、二十四神，常配合存星：如「存日月在口中，晝存日，夜存月，令大如環：日赤色有紫光九芒，月月黃色有白光十芒，存咽服光芒之液，常密之無數。若不修存之時，令日月還住而明堂中：左，月居右，令二景與目童合炁相通也。」（卷九第十八）這是楊羲所書大帝君的日居諧語，屬於存日月之法。又有許謐所書的「步五星之道」——以致五星，降室閉氣。（卷九）及裴清靈所誥的存七星之法，知有鬼來試，「則思星在面前，亦可在頭上以卻之。」類似的存星法散見於楊許所書眞誥中，其時代正與葛洪相當，可見句容地區確曾有存思身中諸星的道法，秘行於道士之間。

鄭思遠傳授葛洪的口訣，一再強調「人能守一，一亦守人」，所以守一之法，葛洪所重的法術功能，正是「陸辟惡獸，水卻蛟龍；不畏魍魎，挾毒之蟲，鬼不敢近，刃不敢中。」，也就是具有廣泛的「卻惡防身」的奇效。「地眞篇」另有一段詳加闡述，他先說明辟害的種類與場所：

白刃無所措其銳，百害無所容其凶，居敗能成，在危獨安也。若在鬼廟之中，山林之下，大疫之地，塚墓之閒，虎狼之藪，蛇蝮之處，守一不怠，衆惡遠迸。

所述的多與戰亂、瘟疫：鬼怪及登涉山林的意外災禍有關；這些禍害都屬非人力所能控制的情況，因而借助守一、存星等法術，具有靜定心靈的功用，這是巫術，有滿足心靈需要的功能。他曾具體引述兩事爲例：

若忽偶忘守一，而為百鬼所害。或臥而魘者，卽出中庭視輔星，握固守一，鬼卽去矣。

若夫陰雨者，但止室中，向北思見輔星而已。

若為兵寇所圍，無復生地，急入六甲陰中，伏而守一，則五兵不能犯之也。

這種法術爲當時道教的通說，「眞誥」所載的傳說可作參證：許謐載裴淸靈誥語說：閭成子爲荆山神所試，成子謂是眞人，拜而求道，而爲大蛇所噬，殆至於死，賴悟之速，而「存太上，想七星以卻之」，因而得免。又記另一段誥語；「世有下土惡強之鬼，多作婦女以惑試人。若有此者，便閉炁，思天關之中、衡輔之星，具身神，正顏色，定志意，熟視其規中珠子濁不明者，則鬼試也。知鬼試則思七星在面前，亦可在頭上以卻之。」初期上淸派所錄的存思法術，所反映的是六朝志怪小說盛行的時代背景。也就是說古來相傳的精怪傳說，漢晉之際的時代動亂，一再發生的戰爭與流行的大瘟疫，促使道教以法術產生滿足魏晉人心的宗教、巫術功能。

在葛洪的觀念中，一般人的養生，「任自然無方術者，未必不有終其天年者也，然不可以值暴鬼之橫枉，大疫之流行，則無以卻之。」（道意）有關暴鬼橫枉、大疫流行的亂世，正是六朝社會的寫照，正如「洞淵神呪經」所反映的時代：戰爭、洪水及疾厲，在道教徒的眼中常被解說爲異氣流行。㊂從漢末太平道的興起，到東晉不同道派紛起，都以宗教觀點解說時代的劇變與不安，也以宗教法術的方式解決時代的癥結。因而守一等法術被說成具有不可思議的功能，無往而不可用：

能守一者，行萬里，入軍旅，涉大川，不須卜日擇時，起工移徙，入新屋舍，皆不復按堪輿星歷，而不避太歲太陰將軍、月建煞耗之神，年命之忌，終不復值殃咎也。

但在葛洪的養生體系中，其作用也只是「卻惡防身」，而不是登仙之道。道意篇有明顯的區別：

要於防身卻害，當修守形之防禁，佩天文之符劍耳。祭禱之事無益也，當恃我之不可侵也，無恃鬼神之不侵我也。然思玄執一，含景環身，可以辟邪惡，度不祥，而不能延壽命，消體疾也。

要延壽長生，只有金丹大道。

上清經派就比較重視守一之法，大洞眞經的誦念功效大於神丹的服食，正是典型的楊、許諸人的觀點，強調存思、冥想的修煉方式。陶弘景在「登眞隱訣」中所述的登眞秘訣，就是守一鍊丹之法：「其明堂、洞房、丹田、流珠，四宮之經，皆神仙爲眞人之道，道傳於世。」陶弘景所收的道籍，如太上素靈經爲守一經典，未出世間通行；丹田經，「卽此守三元眞一之道也，根源乃出素靈。」又有玄丹宮經，「亦眞官司命君之要言，四宮之領宗矣。」同一時期的「紫陽眞人內傳」就強調守一的功用，許翽曾夢紫陽眞人授守一法，並說：「然守一鍊神，雖非上眞之道，亦是中眞地仙之好事；亦能朝千山之神，攝川澤之精，吐故於七華之下，納新於三宮之上。」因爲周紫陽就是習大洞眞經，在這篇內傳表現上清經派重視守一法，認爲是登眞要道，其傳強調「玄丹者泥丸也，其義出於太上素靈經：守三一得爲地仙，守洞房得爲眞人，守玄丹升太微宮也。」由此可見守一是地仙的修煉法。

葛洪倡守一說，自是基於當時道教的養生思想，這種守一思想也在葛洪之後繼續流傳，甚且與佛教的數息觀有所關涉，近代道教學者已多究明其衍變過程。㊂在六朝道經中，守一說多與老子道德經有關，像「西昇經」——葛洪「神仙傳」老子傳已有西昇經之名；現行本有道藏所收「西昇經集註」（維字號）、「西昇經徽宗御注本」（慕字號），託言老子，以守一爲成仙之術：「吾本棄俗，厭離世間，抱元守一，過度神仙。」（邪正章第七）又比較養生之法，認爲「丹書萬卷，不如守一。」（深妙章第十四）就是守一法重於金丹術；而且與天師道系有關的，就在重視道戒，「吾重誡爾爾，爾其守焉。除垢止念，靜心守一。棄念守一，萬事畢矣。」（戒示章）對於清淨自守的道戒需要奉行，就能守一，與「想爾注」的思想有一致之處，可代表天師道系所闡述的守一說。

劉宋初撰成的「三天內解經」（道藏滿字號）也與天師道系的守一思神說有淵源，這是西嶽道士徐靈期所撰——徐氏曾從葛巢甫受靈寶經，因而也受葛洪守一說的啓發。由於南北朝初期道教基於統一意識，重加清整，故多排斥不合正道的雜術，而歸本於「張陵顯明道氣」的正法。佛教數息觀在修練方法上，常因與守一有近似之處，而有混同的趨勢，淸整風氣一起，道教中人極力表明自己的特色，因而批評「靜坐而自數其氣，滿十更始，從年竟歲，不暫時忘之」的數氣觀，只是「沙門道人小乘學者」；而「道士大乘學者，則常思身中眞神形象、衣服、綵色，導引往來，如對神君，無暫時有輟，則外想不入，神眞來降，心無多事。」又說「大乘之學，受氣守一，實爲身資。」自己標榜爲大乘，而貶低沙門爲小乘，正可想見當時的沙門禪觀之法極爲盛行，也是冥思性質的煉心法門。道教本就有自身的守一哲學與存思傳統，自需顯現其「老子守一」的本源，尊視其說，稱爲正一盟威之道。

由此可見守一法，在老子學中，大多是由仙道派闡述；並影響及道經，成爲六朝道教教理史的一大成就，葛洪的守一說正是時代風氣下的產物。

## ㈢明鏡、存星及乘蹻諸法

葛洪在「抱朴子」中所錄的存思法術，還有多種，大多本於冥想的原則，運用各種輔助性的法器，達到特殊的宗教體驗。這是傳承巫師、方士的長遠傳統而來，將薩瞞（Shaman）的神秘體驗，如交通神人的通靈能力、預知能力等，加以深化，使巫者所具有的「第二視覺」（second sight）有更精緻化的表現。嚴格言之，高明的道士都可說是道教化的神媒（spirit medium），在仙道文化的薰陶之下，或明師開導之下，修習道業，經過一段時期的修煉和學習之後，就會產生精神恍惚的狀態（Tranco），在迷幻中，出現各種相關的幻視、幻聽等現象。道士在這種宗教意義下，可視爲古巫、方士之流亞，不管是未經訓練或學習的星命注定有仙緣者，或是歷經修習者，多能形成具有特殊能力的道士，因此守一、存思等法術，可說是古巫所操持的巫術的精緻化，這些眞誥——神的囑語，經常表露其內在最基本的社會文化需求，因而葛洪或陶弘景所錄的仙眞筆錄，確可作爲道士秘傳性的法術秘笈。具有重要的宗教學的價值。

## (1)玄一、明鏡之法

首先敍述與眞一同功，而較容易的玄一法。玄一之道，亦要法也，所以在修練過程中也頗爲玄秘，葛洪僅簡錄其大概：

初求之於日中，所謂知白守黑，欲死不得者也。然先當百日潔齋，乃可候求得之耳，亦不過三四日得之，得之守之，則不復去矣。守玄一，並思其身，分為三人，三人已見，又轉益之，可至數十人，皆如己身，隱之顯之，皆自有口訣，此所謂分形之道。

潔齋百日是一種潔淨儀式，由俗入聖，淨化身心，達到集中精神的作用。葛洪僅略示原則，而實際的修法，應是道書所錄、或明師所示的口訣，遐覽篇另有「內寶經」、「四規經」、「日月臨鏡經」等，當有明確的道法：

師言守一兼修明鏡，其鏡道成則能分形為數十人，衣服面貌，皆如一也。」

鄭思遠所傳的道法，是守一兼修明鏡，屬性質相近的修練方法。由於「抱朴子」常只記錄道書概要，或闡述理論，因而許多道法仍需直接傳授道經或口訣，始能施用，有關明鏡之道的三種道經，其中所述的方法，並非直承老、莊哲學暢論心鏡之意，而是吸取其心性修養的道理，成爲有道法可循的實踐方法。葛洪錄於雜應篇中，可作爲早期的明鏡之法，當是錄自前述的三種道經，屬於綜合論述的筆法：

或用明鏡九寸以上自照，有所思存，七日七夕則見神仙，或男或女，或老或少，一示之後，心中自知千里之外，方來之事也。明鏡或用一，或用二，謂之日月鏡。或用四，謂之四規鏡。四規者，照之時，前後左右各施一也。用四規所見來神甚多。或縱目，或乘龍駕虎，冠服彩色，不與世同，皆有經圖。欲修其道，當先暗誦所當致見諸神姓名位號，識其衣冠。不爾，則卒至而忘其神，或能驚懼，則害人也。為之，率欲得靜漠幽閑林麓之中，外形不經目，外聲不入耳，其道必成也。三童九女節壽君，九首蛇軀百二十官，雖來勿得熟視也。或有問之者，或有訶怒之者，亦勿答也。或有侍從暐曄，力士甲卒，乘龍駕虎，簫鼓嘈嘈，勿舉目與言也。但諦念老君真形，老君真形見，則起再拜也。老君真形者，思之，姓李名聃，字伯陽，身長九尺，黃色，鳥喙，隆鼻，秀眉五寸，耳長七寸，額有三理上下徹，足有八卦，以神龜為牀，金樓玉堂，白銀為階，五色雲為衣，重疊之冠，鋒鋋之劍，從黃童百二十人，左有十二青龍，右有二十六白虎，前有二十四朱雀，後有七十二玄武，前道十二窮奇，後從三十六辟邪，雷電在上，晃晃昱昱，此事出於仙經中也。見老君則年命延長，心如日明，無事不知也。」

這段文字先說明修練的方法，其中所說的經圖大概就是繪有仙眞圖像，以懸掛靜室中。歷臟法中所見的身形有圖像，眞一也有「姓字、長短、服色」，玄一也是。圖像在存思中具有強烈的暗示作用，使用日月鏡、四規鏡等明鏡，有助於產生恍惚狀態，進入幻覺，而有見神經驗。類此集中精神的修習，「外形不經目，外聲不入耳」，是易於產生薩瞞的迷幻經驗，與民間訓練童乩的道理相近。道教用以訓練諦念的眞形，尤其老君眞形，應與想爾注所說「一散形爲氣，聚形爲太上老君」有密切的關係，道教發展的初期必有懸掛老君圖像的習慣，而且老君的相好及其侍從，降眞的排場，也多有定制，從兩漢神化老子，至天師道崇拜老君，旣已逐漸發展出頗具規模的老君信仰，所以存思法中，老君一見具有震壓衆神的作用。㊃

葛洪所撰「神仙傳」劉根傳未明顯載及明鏡之道，但今已佚失的「劉根別傳」，卻提及這種修法：「思形狀可以長生，以九寸明鏡照面，熟視之，令自識己身神，常令不忘，久則身神不散，疾患不入。」（太平御覽七一七）也是明鏡之道。葛洪所載的分形之法，凡有葛玄及張道陵等：

左君及薊子訓、葛仙公所以能一日至數十處，及有客座上，有一主人與客語，門中又有一主人迎客，而水側又有一主人投釣，賓不能別何者為真主人

也。(地真篇)

(張道陵)乃能分形，作數十人。其所居門前水池，陵常乘舟戲其中；而諸道士賓客往來盈處。蓋座上常有一陵與賓客對談，共飲食，而真陵故在池中也。(神仙傳四)

北周天和三年銘道教三尊石像

分身分形的神通說，漢末佛經傳譯，卽有以一身化無數身的神通術，梁慧皎「高僧傳」神異篇載有多位顯分身術的高僧，類此身如意通，自身得變現自在的道力，正是「智慧希有」的表現，屬方便法，可開導衆生，「法華經」寶塔品言釋迦如來爲化有緣衆生，以方便力，分身十方，廣渡善緣；普門品說觀音應化，也是分身術。因此高僧傳中，耆域、佛調、杯度、邵碩、法匱、僧慧、保誌等，都顯現不可思議的神通力。㉖初期佛道相互交涉，神通表現爲其中之一，佛敎以神力表示希有的智慧，借以爲傳敎的方便；而道敎則以神力表示神通變化，遊戲人間。初期中譯佛經，爲適應中土國情，因而也傳譯有關六通的法力；而傳譯既多，也反而影響道敎的神學體系，爲初期佛道關係史的一大盛事。

葛洪在地眞篇強調「欲得通神，當金水分形，形分則自見其身中之三魂七魄，而天靈地祇，皆可接見；山川之神，皆可使役也。」仍是道敎的本地風光，就是役使神鬼的神通力。以茅山爲中心的上淸經派，旣然以守一法爲主，自然也倡行明鏡之道，「眞誥」卷九載有許謐所錄右英夫人誥語；其中有太上宮中歌，歌辭就有「手把八雲氣，英明守二童，太眞握明鏡，鑒合四月鋒。雲儀拂高闕，開括泥丸宮。萬響入百關，驕女坐玄房，愈行愈鮮盛，英靈自爾通。」（第十二）其中明鏡與守一之法相配合，可以感通神明；所以「登眞隱訣」就載明堂中，左有明童眞君，右有明女眞君，中有明鏡神君，共治明堂宮，而神君形象，「並著錦衣綠色，腰帶四玉鈴，口銜赤玉鏡，鏡鈴並赤色。」（卷上）上淸經派的明鏡法，爲其傳統，「上淸明鑑要經」所述的最爲具體：

「明鏡之道，可以分形變化，以一為萬。又能令人聰明，逆知方來之事。又能令人與天上諸神仙見。行其道得法，則天上諸神仙皆來至，道士自見己身，則長生不老，還成少量。」

道藏另有「洞玄靈寶道士明鏡法」（肆字號），說法相似。都是解說明鏡之法的神通。唐司馬承禎曾鑄鏡，並撰含象鑑序，都是茅山道法，融合老莊哲學、守一明鏡法，成爲道教的鑄鏡哲理。

六朝仙傳中得到明鏡之法的，葛洪在「神仙傳」卷十載有平仲節——又載於「眞誥」卷十四，就是從宋君「存心鏡之道」，具百神，行洞房事。六朝末「洞仙傳」載趙威伯所存明鏡，非世間常法。又有長桑公子，得服五星守洞房之道。這位長桑公子的存星之法，傳與弟子，又傳張始珍，「南嶽小錄」就明白說是「明鏡之道」，能洞達玄通，遐造八極，「大洞眞法中有四規之道，依四時行之，亦與此同體爾。」（虞字號）可知守一存星，與明鏡、四規俱有相通之處，基於冥思的原則，發展出性質相近的存思法門。

## (2)存星食氣法

存思法術與食氣有密切的關係，大多以漢代五行哲學爲基礎：凡五方位、五臟及五季（四季再加上四季之月）等巧妙搭配，成爲漢代醫學採用五行說的模式解說人體的方式。黃帝素問、靈樞經、難經等，無不盛言陰陽五行，作爲辯證疾病的發生與外界事物的關係。道教大量吸收駁雜的醫藥、方術，並與存思法結合，因而形成借用星氣治療人體的存星法。

「抱朴子」雜應篇有斷穀之法，借用食氣以長生，其中一種卽存思星辰之氣：

「或食十二時氣，從夜半始，從九九至八八七七六六五五而止。或春向東食歲星，青氣使入肝；夏服熒惑，赤氣使入心；四季之月食鎭星，黃氣使入脾；秋食太白，白氣使入肺；冬服辰星，黑氣使入腎。」（雜應篇）

五行說廣泛影響及漢人學術，凡天文學、醫學、色彩學等均有其遺迹。雜應篇多引方術之籍，其搭配情形可略如下表：

| 五行 | 五季 | 五方 | 五色 | 五色 | 五臟 |
|---|---|---|---|---|---|
| 木 | 春 | 東 | 歲星 | 青 | 肝 |
| 火 | 夏 | 南 | 熒惑 | 赤 | 心 |
| 土 | 四季之月 | 中央 | 鎭星 | 黃 | 脾 |
| 金 | 秋 | 西 | 太白 | 白 | 肺 |
| 水 | 冬 | 北 | 辰星 | 黑 | 腎 |

大概星宿方位的搭配，「淮南子」天文訓說五星旣已這樣機械地組合，成爲富於陰陽五行說色彩的天文學，至兩漢醫學又將先秦素樸的醫學納入這一繁複的五行體系中。原本醫學已講究五臟各有氣，而且會顯現於面貌，成爲不同的氣色。㊅但是要吸取五星之氣以補五臟，則具有巫術性思考方式，以傳達物的屬性增益某物的能力，五星之具有神秘的能力，依據相配合的季節、方位，經由存思之法，獲得感應，因得以吸取其能量，這是典型的道教的存思法術，以氣補氣，可以長生。

雜應篇另有一段敍述辟疫之法，葛洪引用「老子篇中記」及「龜文經」，大概是緯書或古方術書，說大兵之後，金木之年必有大疫，萬人餘一，如何有辟之之道。依據中國疾疫史，漢末曾有數次大瘟疫流行，對於大流行病的預防與治療，在預防醫學猶未發達的時代，是一件困惑的事。持想行氣之法正是方士、道士所預防的方法：

仙人入瘟秘禁法，思其身為五玉。五玉者，隨四時之色，春色青，夏赤，四季月黃，秋白，冬黑。又思冠金巾，思心如炎火，大如斗，則無所畏也。又一法，思其髮散以被身，一髮端，輒有一大星綴之。又思作七星北斗，以魁覆其頭，以罡指前。又思五臟之氣，從兩目出，周身如雲霧，肝青氣，肺白氣，脾黃氣，腎黑氣，心赤氣，五色紛錯，則可與疫病者同牀也。或禹步呼直日玉女，或閉氣思力士，操千斤金鎚，百二十人以自衛。

這段禁法足可代表道士的預防醫學：其中五玉、四時、五色及五臟之氣，其運用道理與前述食氣法相同，只是這段明白使用「思」字——思其身爲玉、思五臟之氣，較可確定爲存思法。雜應篇所述的應與黃庭經（或其前身），屬同一系統；因斷穀食氣法中也有一法：「思脾中神名，名黃裳子，但合口食內氣，此皆有眞效。」正是存思法，黃庭內景經說「脾部之宮屬戊巳，中有明童黃裳裏」（脾部章第十三），又說「黃裳子丹氣頻頻。」（靈臺章第十七），都可與這段入瘟疫法互參。關於思星綴髮，思星覆頭，就是存星法；而思力士法，也與明鏡之道相通，都是持想之法，其作用是否如巴甫洛夫的條件的反射，得到生理上的變化，則是可研究之事。㊆

葛洪所敍述的存思法術凡有多種，且多與黃庭經系有關，都屬於中國身體文化中具有仙道色彩的養生術。這些素樸的養生說，在魏晉時期科學剛才萌芽，自然與宗敎、巫術混淆在一起，但其遵循的精神集中術，多不外放鬆、入靜，深呼吸，頗符合現代的身心醫學，作爲一種養生法，自有其不可磨滅的功效。

## (3)乘蹻飛行法

道敎的存思法術中最爲奇特的神通術，就是乘蹻之術，屬於一種神秘的飛行術。葛洪所搜集的道書中至少有多種與乘蹻術有關，遐覽篇著錄有「正機經」、「平衡機」、「飛龜振經」及「鹿盧蹻經」、「蹈形記」等，據「神仙傳」所載：華子期師甪里先生，受仙隱靈寶方：一曰伊洛飛龜秩（帙）；二曰白禹正機；三曰平衡。這裏所說的靈寶方，也正是「抱朴子」辨問篇所說：「靈寶經有正機、平衡、飛龜授袟，凡三篇，皆仙術也。」三篇各爲一卷，三經總名爲靈寶經。

葛洪的靈寶經，其師授爲何，「抱朴子」並未載明傳授所由，所以有些研究認爲不必出自左慈。但從葛巢甫所造構的靈寶經常依託於葛仙公，卻又表明與葛氏傳道有密切關係。辨問篇所述的靈寶出世的傳說：

「吳王伐石以治宮室，而於合石之中，得紫文金簡之書，不能讀之，使使者持以問仲尼，而欺仲尼曰：吳王閑居，有赤雀銜書以置殿上，不知身義，故遠諮呈。仲尼以視之，曰：此乃靈寶之方，長生之法，禹之所服，隱在水邦，年齊天地，朝於紫庭者也。禹將仙化，封之名山石函之中，乃今赤雀銜之，殆天授也。」

這段有關夏禹治水的傳說，在葛洪之前凡有越絕書、及河圖絳象（古微書卷三十二）記載，且較爲詳盡：夏禹治水得神人授以「靈寶五符」，治水成功之後乃藏之於洞庭包山之穴。至吳王闔閭之時，龍威丈人竊得以獻，這是一卷書，凡一百七十四字。最後吳王請仲尼辨識，並警告「得吾書者喪國廬」（河圖絳象作「今強取出喪國廬」）。這部靈寶經，道藏有「太上靈寶五符序」（衣字號）葛洪及其後入藏的靈寶五符，爲道書取材於緯書的最佳例證。

今傳河圖類緯書，常將其出世依託於夏禹，因爲夏禹治水的神話在漢代民間盛傳，緯書就是反映這些民間的觀念，河圖據考原是有圖有文，被道敎吸收之後，其圖文更具宗敎的神秘色彩。㈥葛洪所見的靈寶經，其眞實內容僅在「抱朴子」、「神仙傳」中略微提及；而其實際修練的方法則付之闕如。從現存靈寶五符序卷上所述，可知根本就是存思法，而且正是與五行信仰有關：「仙人挹服五方諸天氣經」就是食五方氣；「靈寶五帝官將號」，則列出五帝名：靈威仰、赤飄弩、含樞紐、曜魄寶及隱侯局。「太清五始法」爲入靖室存思之法；「食日月精之道」，則爲食日月精華，以致長生。類此五方帝名、五方色及五藏五常配五行、並及孤虛王相之法，確是漢人的遺說，而又參雜後人補益之說。

關於靈寶方的施用法，神仙傳有所提示：是「按合服之，返老還少，日能行五百里，能舉千斤。」這裏所說的「服」，依靈寶五符序卷上所說正是服氣；而卷中則有各種植物性草藥，如靈寶服食五芝之精、靈寶三天方、靈寶巨勝衆方等，屬於仙藥服食。而卷下則服符，配合服氣守一。依「眞誥」及「三洞珠囊」所引五符，也大多是服氣之法。因此其所顯現的神通力；日能行五百里、能舉千斤；一歲三易皮如蟬蛻等，都是人類特殊潛能的表現，成爲希有的神通術。

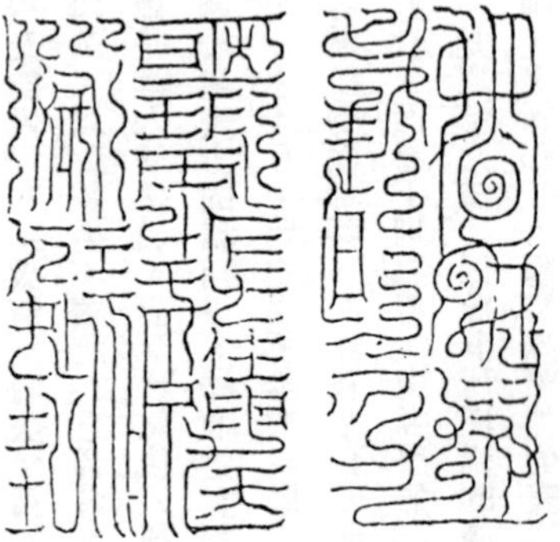

上圖爲東方靈寶符命
下圖爲南方靈寶符命。採自「太上靈寶五符序」

乘蹻術與靈寶經並列，基本上也是同屬於存思法術，而雜應篇的敍述較爲詳細。可由此參證靈寶方，推知其共通的神通術：

「若能乘蹻者，可以周流天下，不拘山河。凡乘蹻道有三法：一曰龍蹻，二曰虎蹻，三曰鹿盧蹻。或服符精思，若欲行千里，則以一時思之。若晝夜十二時思之，則可以一日一夕行萬二千里，亦不能過此，過此當更思之，如前法。或用棗心木為飛車，以牛革結環劍以引其機，或存念作五蛇六龍三牛交罡而乘之，上昇四十里，名為太清。太清之中，其氣甚罡，能勝人也。師言鳶飛轉高，則但直舒兩翅，了不復扇搖之而自進者，漸乘罡炁故也。龍初昇階雲，其上行至四十里，則自行矣。此言出於仙人，而留傳於世俗耳，實非凡人所知也。」

乘蹻法也是鄭思遠所授：凡有龍蹻、虎蹻及鹿盧蹻三種，葛洪已明白說明是「服符精思」，確是存思法術。

這段飛行術，乃是「登峻涉險，遠行不極之道」，乘蹻術與「服食大藥」之法並列，後者列出「雲珠粉、百華醴、玄子湯洗脚，及虎膽丸、朱明酒、天雄鶴脂丸、飛廉煎秋芒、平前澤瀉散，用之旬日」，就可涉遠、行疾，是以藥方爲主，雖然有些藥名如天雄鶴、飛廉等，稍具巫術意義，卻是以藥物爲輔助體能的方法。而服符積思則完全屬於法術，見諸神話傳說：山海經卷七海外西經奇肱國，其人「乘文馬，有鳥焉，兩頭赤黃色，在其旁。」有關奇肱民的飛行術盛傳於六朝，至少有三家：郭璞注山海經所說：「其人善爲機巧，以取百禽，能作飛車，從風遠行。湯時得之，於豫州界中郎壞之，不以示人。後十年，西風至，復作遣之。」璞所據的究爲古注，抑爲當時志怪流行的通說？除蕭繹「金樓子」卷五志怪篇是引郭注，又有玄中記（御覽七五二引）、洞冥記（海錄碎事五引）飛車傳說與乘蹻術稍有異趣，但可表現出當時人對飛行術的極端憧憬。

乘蹻術「出於仙人而留傳於世俗」，最佳例證爲遊仙詩，曹植就有兩首提及乘蹻術：一是升天行，一是桂之樹行：

乘蹻追術士，遠之蓬萊山。靈液飛素波，蘭桂上參天。玄豹游其下，翔鶤戲其巔乘風忽登擧，彷彿具衆仙。（升天行）

……桂之樹，得道之人，咸來會講仙，教爾服食日精，要道甚省不煩，淡泊無爲自然。乘蹻萬里之外，去留隨意所欲存，高高上際於衆外，下下乃窮極地矣。（桂之樹行）

從詩意言，「乘蹻」一意象用以指神奇的飛行術：可追隨術士至遙遠的蓬萊山，可翺翔於萬里之外，去留任意，這是仙眞思想逍遙自由，去止隨意的具象化。㊈曹植只是運用留傳於世俗的仙道傳說，借以表達其羨仙、遊仙之思，而未能眞正洞悉其修練方法，因爲蹻經是「出於仙人」，爲神仙家的秘傳。

葛洪傳述鄭思遠的口訣，其中特別提到在修練過程中，確有許多禁忌：

「又乘蹻須長齋，絕葷菜，斷血食，一年之後，乃可乘此三蹻耳。雖復服符，思五龍蹻行最遠，其餘者不過千里也。其高下去留，皆自有法，勿得任意耳。若不奉其禁，則不可妄乘蹻，有傾墜之禍也。」

齋戒是宗教行爲中具有潔淨身心的過渡性儀式，由俗入聖，在宗教心理上，是進入一神聖的境界。而服符精思，在道士的信念中，符術具有不可思議之力，其「服」法，可能是服食、或服佩，用以精思，可解爲服用。從前引的諸種法具；如棗心木作的飛車，用牛草結環劍以引其機，乃是中國古代的器物，與奇肱飛車有關，李約瑟稱爲「中國陀螺」——中國舊稱「竹蜻蜓」，乃是利用螺旋原理，可使陀螺升空。至於飛行於罡氣之中，李約瑟以機械工程學知識解說，謂罡氣，「亦可稱爲急風，意指自高空大熊星座四大星所來之風，暗含極高風速之意義。」⑳對於葛洪所引述的乘蹻記載，李氏深致感佩，認爲「此文著於第七世紀之初，堪稱驚人之論。」這是從科學史立場所作的解釋。

從宗教史觀點解說乘蹻術，應與巫師的宗教體驗有淵源，在集中精神的狀態，給予適當的暗示，易生幻覺，而有神遊的經驗。莊子一書所描述的神人、眞人，能入水不濡、入火不熱，又能遠之崑崙，就是基於巫教及其神話。道教綜合巫術、方術，進一步深化，且納入其體系之中；像符法的運用、齋戒的精潔，都能加深其奧妙之處。現在世人多習知印度瑜珈修行者的神通表現，而中國道士的神通術就有不少是獨立發展而成。葛洪所描述的五龍蹻，正是借用蛇龍交罡而乘之，爲一種元神出竅的飛行法。

乘蹻可在精思之中，逍遙於名山。葛洪曾在微旨篇解說求生之道所需知的「二山」，不是華山霍山，或嵩山岱嶽，而是太元之山、長谷之山，這兩座山即是飄渺於虛空之中，就只能精思得之：

「夫太元之山，難知易求，不天不地，不沉不浮，絕險綿邈，崣嵬崎嶇，和氣絪縕，神意並游，玉井泓邃，灌溉匪休，百二十官，曹府相由，離坎列位，玄芝萬株，絳樹特生，其實皆殊，金玉嵯峨，醴泉出隅，還年之士，挹其清流，子能修之，喬松可傳，此一山也。長谷之山，杳杳巍巍，玄氣飄飄，玉液霏霏，金池紫房，在乎其隈，愚人妄往，至皆死歸，有道之士，登之不衰，採服黃精，以致天飛，此二山也。皆古賢之所秘，子精思之。」

這段文字也是古道書中極爲珍貴的存思法文獻，二山根本是不假外求，只在精思中，所以說「難知易求」，葛洪以雕飾的文字描述二山的高峻、虛渺，極盡魁奇之能事。事中所述的醴泉、黃精，可作隱喻意象觀，象徵仙境中的仙物；也可作人身的某種神秘體驗，乃是自家身上所有。

精思名山的文學，是典型的道教文學，仙道之士將類似的宗教體驗借用文學形式表達出來，就成爲六朝雜傳、筆記中的仙道類著述。上清經派將五嶽眞形圖及所謂崑崙、鍾山、蓬萊山與神州眞形圖，結合夏禹神話，而有「漢武內傳」、「十洲記」，其中保留有夏禹乘蹻治水之說，正是介於眞實與神話的敍述筆法；但有一相通之處，就是獲得眞形圖，可周流名山五岳，除了眞形圖之具有入山指南與護符效用，可以登涉五嶽諸名山，其他飄渺雲海間的名山，大多仍是神遊。「漢武內傳」所說「傳章道士執之經行山川，百神羣靈尊奉親迎」，可作爲護符性質的眞形圖解說；而上清經派所出的道經，如「玄覽人鳥山眞形圖」就是冥思修行，發展爲「妙

氣既降，肉身能飛」的精思法。㊂

上清經派對於乘蹻術，基於其重視冥思的傳統，自有其傳承；「紫陽眞人內傳」周眞人所受的道書目錄就有「尋艧先生龜蹻經」；而「漢武內傳」依託漢武所述的傳經戒儀，在武帝陪葬書目中，也特別列出「靈蹻經六卷」。這兩部仙傳都與存思或眞形圖有密切關係，由此可相互參證乘蹻術是精思法術中的飛行法，魏晉時期曾以秘傳的方式流傳於道士的手中，爲中國原始巫教的迷幻經驗的道教化。可與當時佛經所輸入的五通、六通諸神通說相與呼應，激盪爲一重視神通表現的神異氣氛，這是中國佛道關係史上值得探討的課題。

## 附註

㊀ 王明，「太平經合校」，(臺北、鼎文書局、民國六十八年七月)。

㊁ 太平經的著成年代及今本的問題，大多認爲梁時編修；但其中仍保存漢人的觀念。相關論文請參考福井康順，「太平經」收於「道敎の基礎的研究」(東京、書籍文物流通會一九五八)吉岡義豐，「敦煌本太平經と佛敎」，收於「道敎と佛敎」(一)(東京、國書刊行會、一九五九)。

(三) 參拙撰「魏晉南北朝老學與神仙養生法」，收於「魏晉南北朝文士與道敎之關係」。

(四) 參饒宗頤，「老子想爾注校箋」（香港，選堂叢書，一九五六）。

(五) 王明，「周易參同契考證」刊於「中研院史語所集刊」第十九本（商務、民國二十七年）。

(六) 王明，「黃庭經考」，刊「史語所集刊」二十本（商務、民國三十七年）近年又有麥谷邦夫，「「黃庭內景經」試論」，刊於「東方文化」六十二號，有進一步的研究。

(七) 王明，「抱朴子內篇校釋」引外景經作注，見頁一〇六；而麥谷邦夫則引內景經，闡釋較佳，見頁五二—五三。

(八) 康德謨（Max Kaltenmark），「『景』與『八景』」，刊於「福井博士頌壽記念東洋文化論集」（一九六九）。

(九) 吉岡義豐有多篇精彩的論文，專論守一法，收於「道敎と佛敎」（二）中。

(一〇) 柳存仁，「論道藏本顧歡注老子之性質」，收於「和風堂讀書記」頁二七三—二八六。

(一一) 同④，頁七八—九一。

(一二) 宮川尙志，「晉代道敎の一考察」，刊於「中國學誌」等五本，（東京、泰山文物社、一九六九）。

(一三) 吉岡義豐博士前引文。

(一四) 詳參拙撰，「魏晉老子神化與仙道敎之關係」，刊於「中華學苑」二十一期（臺大、政大中研所，民國六十七年六月）。

⑮ 參拙撰，「慧皎高僧傳及其神異性格」刊於「中華學苑」二十六期（臺北、政大中研所、民國七十一年十二月）。

⑯ 李漢三撰，「先秦兩漢之陰陽五行學說」（臺北、維新書局、民國七十年四月再版）。

⑰ 范行準，「中國預防醫學思想史」（一九五三）頁二三—二四。

⑱ 陳槃庵氏，「古讖緯書錄解題」（五）刊於「中研院史語所集刊」，四十四分冊（民國六十二年二月）。

⑲ 參拙撰，「六朝道教與遊仙詩的發展」；刊於「中華學苑」（政大中研所、民國七十二年十二月）。

⑳ 李約瑟，「中國之科學與文明」（九）（臺北、商務、民國六十二年）六九頁。

㉑ 參拙撰，「十洲傳說的形成及其衍變」，刊於「中國古典小說論集」（六）（臺北、聯經、民國七十二年七月）。

# 十二、抱朴子的法術變化說

葛洪的法術論，是養生思想中的不傷不損的原則的運用。在漢晉之際，志怪思想極爲發達，乃是張大漢代「物久成精」的民俗譚；而道教的法術除妖說因而大盛，這是將兩漢社會中巫師、方士的各種法術吸取而成。所以妖怪論、變化論爲一體的兩面，葛洪強調道士，乃至一般人均需防患各種精邪。在宗教學上，這是一種必要的假設，當時人用以解說一些不可解的現象，而知識分子又加以理論化。他所搜集的除妖辟邪的法術，大概有名字法術、法器法術、文字法術、經圖法術，以及氣功法術等，大概已將古來法術包羅殆盡，而後世道士的作法，實也不能逾越其範圍，只是更爲繁複而有規模而已。

## ㈠魏晉時期的精怪變化說

魏晉時期的知識分子承襲漢代氣化思想以及異徵變化等休徵觀念，加以綜合條貫爲一種妖怪理論，並擧民間流傳的傳說爲例證。其主要背景之一，卽爲儒學在歷經漢朝長期的讖緯化、神秘化之後，逐漸中衰，因而異端的方術、道術等思想能爲知識階層所接受。漢朝以批判爲學的王充，曾在「論衡」中保存不少流傳於當時社會的迷信觀念，目的是作爲批判之用；另外王符「潛夫論」也依據氣化哲學，解說陰陽二氣及天地正變等現象；此類理論至魏晉文士的手中多轉變爲正面解說的一套道理，干寶「搜神記」的「妖怪論」與葛洪「抱朴子」內篇所引方術秘笈，都基於氣化原理與異徵變化，構造爲奇特的妖怪說。㈠

王充「論衡」訂鬼篇指摘漢代流行的精怪、鬼靈之說，曾引「一曰：鬼者老物之精也。物之老者，其精爲人；亦有未老，性能變化、象人之形。人之受氣有與物同精，則其物與之交；及病，精氣衰劣也，則來犯凌之也。」此爲妖怪變化的傳統的說法：物老形變，其實仍基於氣的盛衰。葛洪的撰述，本卽規撫論衡，因而襲用許多資料，而加以新的解釋，又參用許多方士秘笈，證明物老形變的變化觀念。葛洪神仙變化思想乃基於萬物皆受天之氣，氣不變而形可易，變化多因時間的長久而漸漸改變。抱朴子對俗篇曾引玉策記及昌宇經之說：

千歲松柏，四邊枝起，上杪不長，望而視之，有如偃蓋，其中有物，或如青牛，或如青羊，或如青犬，或如青人，皆壽千歲。

其實依精怪說，即爲樹精，與植物崇拜有關。至於動物精怪，又載一條：

又云：蛇有無窮之壽，獼猴壽八百歲，變爲猨；猨壽五百歲，變爲玃，玃（壽）千歲；蟾蜍壽三千歲，騏驎壽二千歲，騰黃之馬，吉光之獸，皆壽三千歲；千歲之鳥，萬歲之禽，皆人面而鳥身，壽亦如其名也。虎及鹿兔皆壽千歲，壽滿五百歲者，其色皆白，能壽五百歲則能變化；狐狸豺狼皆壽八百歲，滿五百歲則善變爲人形；鼠壽三百歲，滿百歲則色白，善憑人而卜，名曰仲，能知一年吉凶及千里外事。

玉策記，佚文引作「老君玉策記」，遐覽篇著錄一卷，現已佚失，當是方術圖籍。

嚴可均又輯佚文一條：

「老君玉策記」云：松脂入地千年，變為茯苓，茯苓千年，變為琥珀，琥珀千年，變為石膽，石膽千年，變為威喜。千歲之狐，豫知將來，千歲之狸，變為好女，千歲之猿，變為老人。

葛洪解說物久成精，卽可變化；主要的是據氣爲宇宙構成說，物的存在既久，不論動物、植物或礦物就具有超乎自然的力量，能夠自由變化。「抱朴子」一再引據古來各種變化傳統作爲論據，說明物與物間，物與人間，並無固定的範疇，萬物可以互變。原始的素樸的觀物方式，本就相信萬物具有精靈，存活時間旣久，就會產生變化莫測的能力，這是葛洪在登涉篇所說：「山無大小，皆有神靈。」有神靈則必有精靈的存在。

干寶搜集當時的民間傳聞，其中就有多數與精怪變化有關，因而特別撰述「妖怪篇」、「變化論」——見於今本卷六、卷十二篇首，也是綜合前此諸說，具有集大成意義的重要史料：妖怪篇是紬繹卷六、七、八等妖怪傳說而形成的理論，也是當時妖怪傳說的依據：

> 妖怪者，蓋精氣之依物者也。氣亂於中，物變於外。形神氣質，表裏之用也。本於五行，通於五事。雖消息升降，化動萬端。其於休咎之徵，皆可得域而論矣。

精氣依憑於物，是因氣亂、氣衰之故。宇宙的氣有正、亂，代表運行的正常與否；人體（或萬物）的氣有盛衰，也代表物體的常態與否，漢人的有機的宇宙論，確信人與天具有感應，王符就著論說明氣的正常與否，常有不同的徵象。干寶就是承用有關氣的理論，解說妖怪出現的意義。據此一原則，干寶曾錄一大鯷魚精傳說：孔子厄於陳，鯷魚精化爲人形，子貢、子路均不敵，孔子始察而破之，且敍說妖怪成精之理：「吾聞：物老則羣精依之，因衰而至。此其來也，豈以吾遇厄絕糧，從者病乎？夫六畜之物，及龜、蛇、魚、鱉、草、木之屬，六者神皆憑依，能爲妖怪，故謂之五酉。五酉者，五行之方，皆有其物。酉者老也，物老則爲怪，殺之則已，夫何患哉！」依託孔子，應是漢朝緯書說或一般民間傳聞，而其原則則爲漢人妖精說話的共通觀念。

干寶編撰「變化」傳說及作「變化論」，也是有關萬物變化之說，綜合變化神話、生物觀察、以及陰陽五行說，爲融鑄神話、擬科學、哲學於一的變化思想；凡陽氣、淸氣爲正，陰氣、濁氣爲變，因此和氣所交，多正常生殖的人、物；異氣所產，則多怪物。類此氣易形變說，爲漢代前後普遍的通說，用來解釋神仙變化、生物變態以及一些非當時人所能解釋的宇宙現象。王充即據正變觀念批評神仙變化說，論衡無形篇的中心思想基於此，所謂：「天地不變，日月不易，星辰不沒，正也，人受正氣，故體不變。時或男化爲女，女化爲男，由高岸爲谷，深谷爲陵也。應政而變，爲政變，非常性也。」葛洪、干寶等人就是在漢人的氣化說的基礎上，建立妖怪、變化說。

大體說來，魏晉時期的論辯風尙，使一切問題均可反覆闡述，妖怪、變化之可成爲論說的課題，正是凡事求得解說的表現。因此魏晉志怪小說流行，干寶搜神，葛洪集異，俱爲志怪的成果，而加以理論化，更是一大特色。

## ㈡名字法術：白澤圖及其他

葛洪在「抱朴子」中保存自然精怪的厭勝法，多據漢代緯書而立說，當時方士

白澤圖(上)

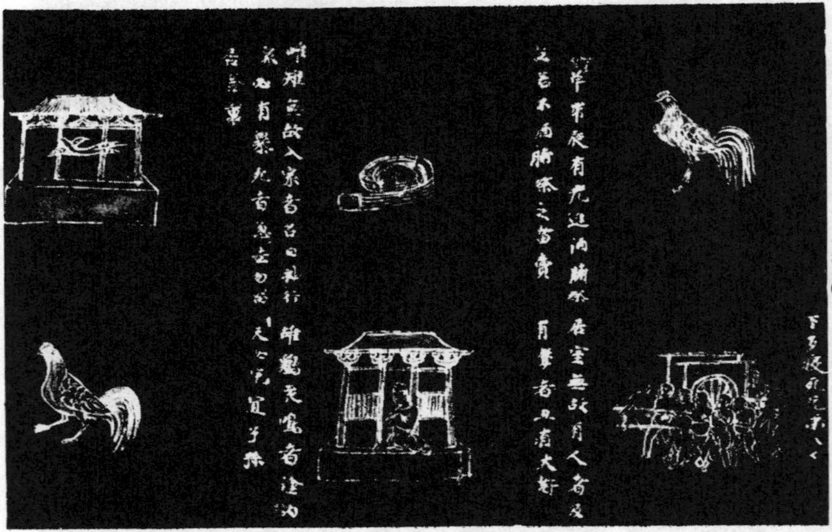

白澤圖(二)

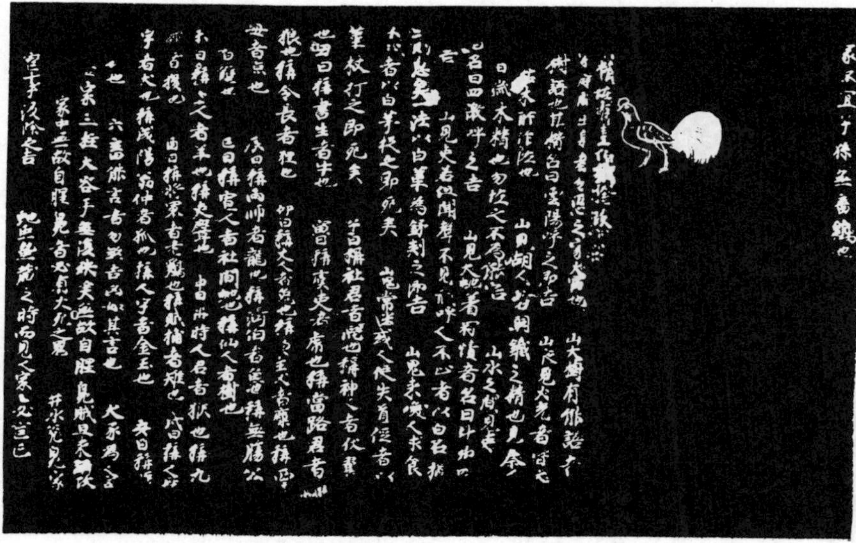

白澤圖(二)

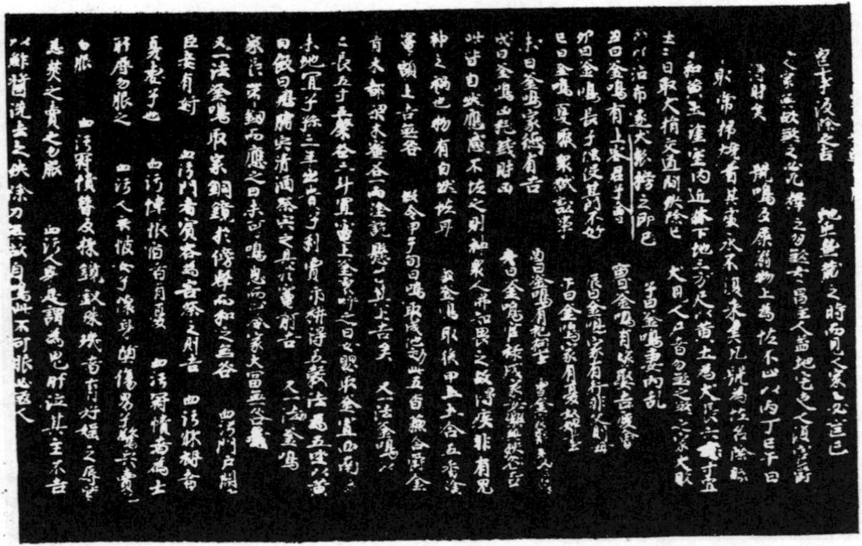
望事後除之吉　地出血蟲之時而見人家亡必遺已
亡人家無歌戮之必凡禪之勿殺女子爲主人益地宅也人須除家
消財矣　鴉鳴及原溺物上爲怪不出八丙丁巳午日
取常掃燒香其處水不須來矣凡鴉爲怪名除
和解五逢室內近牀下地三方尺八寸土爲犬長六寸蓋
士二日取犬猜文道閣然除也　犬目人口音勿殺之歲之家大聚
八十治布逐犬影撈之即已　子日釜鳴妻內亂
丑曰釜鳴有上客居其宮　寅日釜鳴有嫁娶吉慶
卯曰金鳴長子爲没甚門不妨　辰日金鳴家有行非父財
巳日金鳴憂疾家獄訟事　午日金鳴家有憂
未日釜鳴家得有吉　申日釜鳴有祀
戌曰釜鳴出錢財西　亥日金鳴宜祿
此皆自然應感不能之則神衆人共怪畏之故得疾非有咒
神之禍也物有自然怪耳　若釜鳴取彼甲上土合五香塗
竈頭上吉無咎　假令甲子日鳴取戊己土五香蕪合禱金
首大部梁木釜各一兩塗銳懸之其上吉矣　又一法釜鳴以
二長五寸五案各六斗置竈上釜者呼之曰女嬰兒金宜西南之
未地宜子孫三年出官子利貴亦得五穀法爲五壁八黃
日飲曰飢醉其清酒祭之其水置前吉　又一法釜鳴
家流涕鋼而應之曰未可鳴鬼而去家大富無咎
又一法釜鳴取家銅鏡於傍擊而知之無咎　血汚門戶開
臣妾有奸　血汚門者賓客爲害祭之則吉　血汚牀榻奇
身妻子也　血汚牌帳酒有憂　血汚冢憤者爲士
訴辱勿脹之　血汚人衣被女子嫁娶傷男子驚其責之
白脹　血汚冢憤及珠鏡釵珠者有對婦之辱
惡莢之責之也脹　血汚人身是謂爲鬼所泣其主不吉
以鮮皆洗去之然徐刀丑減自然此不可脹必殺人

白澤圖(四)

撰述有關妖怪的圖籍，作爲防身之用，據以識別精怪的原形及名字，消災解厄。這些奇異的秘笈，不僅存於方士、巫師的手中，也是民間社會的習俗。漢朝本即爲一充滿迷信、怪異氣氛的時代，淮南萬畢術爲漢初纂集，其中部份精怪傳說爲漢初以及漢以前的舊說，保存樸素的面目；至於古讖緯書中的精怪圖籍，如白澤圖之類，應屬於漢朝晚期作品，以曆數觀念結合精怪傳說，作爲出門旅遊乃至居家日常生活之用。至六朝初期始爲道教所容納、衍化。

魏晉間道教搜集自然精怪資料，且整理爲一套厭勝之法，其最顯之例當推白澤圖說。初期道士所重視的精怪圖籍凡有多種，葛洪抱朴子登涉篇論登涉山林之法，其中間：辟山川廟堂百鬼之法：

抱朴子曰：道士常帶天水符、及上皇竹使符、老子左契、及守真一思三部將軍者，鬼不敢近人也。其次則「論百鬼錄」，知天下鬼之名字，及「白澤圖」、「九鼎記」，則衆鬼自却。其次服鶉子赤石丸，及曾青夜光散，及葱實烏眼丸、及呑白石英祇母散，皆令人見鬼，卽鬼畏之矣。

論百鬼錄，依葛洪所搜集早期道書目錄，其中著錄見鬼記一卷、收山鬼老魅治邪精經三卷、收治百鬼召五岳丞太山主者記等，應屬專記山川精怪及厭勝法之書。至於白澤圖、九鼎記，則抱朴子佚文一條云：

「案『九鼎記』及『青靈經』言：人物之死，皆有鬼也，馬鬼常時以晦夜出行，狀如炎火。」

九鼎記疑又作夏鼎志，宋書五行記載：「夏鼎志曰：掘地得狗，名曰賈。」名爲夏鼎，當卽古書中說古鼎所鑄圖形，除裝飾作用外，更重要的還有巫術作用，左傳宣公三年載楚子問鼎：「鑄鼎象物，百物而爲之備，使民知神奸。故民入川澤山林，不逢不若，魑魅罔兩，莫能逢之。」傳說夏禹鑄鼎，其中作用之一爲辟邪，乃「夏鼎志」、「九鼎記」命名之所由。古圖或古代方書圖繪圖形及記錄精怪，山海經及山海圖就是此類具有巫術、旅行等功能的奇書。巫師或登涉山川的旅行者能誦知此類圖籍，就可辟邪。此類方士秘笈，至道教形成之後，成爲道士登涉術：葛洪抱朴子登涉篇就抄寫白澤圖、夏鼎記等，將辟邪巫術予以道教化。

白澤圖託始於黃帝，葛洪謂黃帝「窮神奸則記白澤之辭。」（極言）爲其神通能力之一。白澤之名則據傳與澤獸有關，宋書符瑞志卽載其傳說：

「澤獸，黃帝時巡狩，至於東濱，澤獸出，能言，達知萬物之情，以戒於民，為時除害，賢君明德幽遠則來。」

白澤圖為古讖緯書之一，其圖象現在還保存於敦煌殘卷中(P2682・S6261)，近人多已考索其形式及內容。㊂大概道教形成之後，依其含融漢人舊說的習慣，也被引用，成為古讖緯影響初期道教的例證之一；而且白澤圖之作為辟邪的圖籍，流行於六朝社會，一般文士常引述於其文籍中。干寶搜神記載孫吳諸葛恪曾見白澤圖、劉敬叔也曾以白澤圖知識解釋木精；其餘葛洪曾引述是圖，梁朝蕭繹金樓子志怪篇引用多條，南史梁簡文帝紀有新增白澤圖五卷，可見白澤圖為流傳南方的精怪圖籍，梁簡文帝雖有新增五卷本，但隋唐志著錄者為一卷本，敦煌寫本近於一卷古本；與葛洪、蕭繹所引屬同一系統，現在保存於登涉篇中的，是借以印證的最佳資料。

白澤圖的運用，乃依據巫術思考方式中的剋治原理：呼名辟邪。就是從圖象中熟知其形狀、特徵與名稱，一見之後立加辨識，呼喚其眞名，識破其原形，就可剋治之，這是近於名字巫術。以下就將羣妖圖歸類說明——其中多參考敦煌殘卷之處：

㈠爲山精

山精之形，可變化如「小兒而獨足，足向後」、「如鼓、赤色，亦一足」或「如龍而五色赤角」，其名分別爲蚑、日暉、飛飛，可見山精可化爲人或動物。

㈡爲木精

「山中有大樹，有能語者，非樹能語，其精名曰雲陽。」

「山中夜見火光者，皆枯木所作，勿怪也。」

「見秦人者，百歲木之精，勿怪之，並不能爲害。」

「稱仙人者，老樹也。」

㈢爲金玉精

「山中夜見胡人者，銅鐵之精。」

「稱婦人者，金玉也。」

㈣爲山鬼

「山水之間見吏人者，名曰四徼。呼之名卽吉。」

「山中見鬼來喚人，求食不止者，以白茅投之，卽死也。」

「山中鬼常迷惑使失道經者，以葦杖投之，卽死也。」

(五)爲動物精怪

依十二支計日法，某獸而所稱各有不同，依序爲虎、狼、老貍（寅）；兎、麋、鹿（卯）；龍、魚、蟹（辰）；社中蛇、龜（巳）；馬、老樹（午）；羊、蟹（未）；猴、猿（申）；老鷄、雉（酉）；犬、狐（戌）；猪、金玉（亥）；鼠、伏翼（子）；牛（丑），其排列次序疑與干支以獸爲符號有關，其形式如：

「山中寅日，有自稱虞吏者，虎也；稱當路君者，狼也；稱令長者，老貍也。」

「丑日稱書生者，牛也。」

其書寫形式，常作「以名呼之，卽不敢爲害」、「呼之卽吉」、「但知其物名，則不能爲害」屬於名字巫術，呼名識破原形，則可辟凶趨吉；至於「以白石擲之」、「以白茅投之」、「以葦杖投之」，也是象徵性的辟邪動作，類此辟邪法，尙保留原始巫術的素樸性。抱朴子還記載「同類相治」的巫術，也與此相近：

「（崑崙山上）內有五城十二樓，樓下有青龍、白虎、蜲蛇……又有神獸名獅子，辟邪天鹿焦羊，銅頭、鐵額、長牙鑿齒之屬三十六種，盡知其名，則天下惡鬼惡獸，不敢犯人也。」

以神獸的靈威性辟邪，實與方相驅邪異曲同功。

白澤圖廣泛流行於六朝筆記中，干寶「搜神記」卷十二有傒囊的山精、卷十八有彭侯的木精，均言明是白澤圖上所有，而抱朴子未引用。又卷十二引夏鼎志說罔象，及木精、金精等；另玄中記也有類似的妖怪傳說。而當時民俗珍視此類辟邪圖籍，成為一種與民間歲時節日配合的風俗，荆楚歲時記五月五日，即流傳「口稱游光厲氣四字，知其名則鬼遠避。」其實風俗通已載此俗：「夏至著五綵辟兵，題曰：游光厲氣，知其名者無瘟疫。永建中，京師火疫，云厲鬼、野童、游光。」據白澤精怪圖所述：「夜行見火光，下有數十小兒，頭載火車，此一物名為游光，下為野童，見者天下多疫，死兄弟八人。」可知其俗流傳久遠，為民間信守不渝。朝廷也珍視，圖繪其形於旗旂上，並整理增補，視為一種瑞圖。道教中人重視白澤圖、夏鼎記、青靈經等精怪圖籍，除作為登涉辟邪之用，並且成為其法術之一，指導民衆驅妖辟邪，由此可證道教法術觀念頗能與民間習俗相通。六朝白澤圖類的法術秘笈，自是與整個社會的志怪風尚有所關聯，借以解除人類對於不可知世界的怖懼感。道教之成為組織性的宗教，在法術、厭勝方面也有進一步的表現，故能為社會人士所崇奉。

## ㈢法器法術：劍與鏡

劍與鏡爲道教法器中最具威力的器物，其所以能發揮超自然的能力，剋治精怪、物魁的變化；實與佛萊哲（Frazer）「金枝篇」（The Golden Bough）的巫術原理相近，基於「同類相治」的法則，將劍、鏡等人間常用的器物法術化、神秘化，自可依據象徵的律則，類推其威力，借以厭伏違反常態的怪異之氣。劍、鏡在前道教時期本就具有特異的作用，這可由劍的飾物，及其作爲殺人的凶物，帝王服御的威權象徵，類推其以凶物治凶物的道理；而鏡飾上的星象、四獸等靈異事物，自具有靈異的力量，傳達於鏡的本身；再願推其光明鑑物的實用功能，自可產生明鑑精怪的原形的靈威力。道教中人將其吸取，作爲法器，也可說是精緻化巫師所用器物的例證之一，爲道教法術與巫祝巫術合流的具體表現。㊂

鏡與劍之作爲法器，實有古遠的歷史傳統，依據現存考古文物的資料，先秦兩漢古墓既以鏡作爲副葬之物，六朝風尚亦沿之成習，通鑑長編載：「南唐李平嘗語潘佑曰：六朝冢多寶劍、寶鑑、佩之可辟鬼。會張泊亦好其說，乃共買鷄籠山古塚地。遇休沐，則具畚鍤，破冢，得古傳器玩。」此類鏡、劍特具有辟邪作用，可證中古世紀以之副葬，乃因其具有神秘的靈力，道教法術思想實具推波助瀾之力。將陪葬物的辟邪作用提昇於日常之用，鏡在漢朝之時，除作爲實用之物，又因其光明鑑物的特性，道家系統的典籍，如莊子、淮南子等，即取心鏡，以喻心能照物，不將不迎，應而不藏，具有靜定觀照之意。而古鑑銘文則多表現神仙讖緯思想，緯書觀念中，「鏡」爲帝王權力的象徵：「秦失金鏡，魚目入珠」（尙書考靈曜），以鏡喻權力，讖緯思想多與政治神話結合，失其玉鏡，卽失其帝王威權：故暴秦失鏡，劉邦握鏡，乃喻權力的轉移，此種祥瑞思想，愈使鏡的神秘性增強。古鏡製作，因其化學操作非盡爲人力所能控制，治煉集團多輔以「建許性巫術」。經此製作的鏡，多視爲神物，孝經援神契稱：「神靈滋液，百寶爲用，則璣鏡出。」宋均注：「大珠有光，可明爲鏡。」又其鏡飾，所謂：「百鍊淸同（銅），上應星宿。」星辰靈威之力，使銅鏡深具辟邪除魅的靈力。

古鏡的靈威力，道教以象徵律解說。當時，道士入山修煉，登涉山林，需以靈感之物自隨，古鏡卽爲其中要物。葛洪抱朴子卽說明登涉之法：「又萬物之老者，其精悉能假託人形，以眩惑人目，而常試人，唯不能於鏡中易其眞形耳。是以古之入山道士，皆以明鏡徑九寸已上者，懸於背後，則老魅不敢接近。人（衍字）或有來試人者，則當顧視鏡中，其是仙人及山中好神者，顧鏡中，故如人形。若是鳥獸邪魅，則其形貌皆見鏡中矣；又老魅若來，其去必卻行，行可轉鏡對之，其後而視之，若是老魅者必無踵也，其有踵者則山神也。」（登涉篇）鏡爲照明之物，形眞影眞，應而不藏；若爲精怪幻象，則不能隱其眞形，必爲鏡的威力所懾。葛洪的寶鏡辟除精怪，乃依巫術性思考原則類推得此厭勝法則。登涉篇卽引傳說二則爲例：

「昔張蓋蹹及偶高成二人，並精思於蜀雲臺山中。忽有一人，著黃練、單衣、葛巾，往到其前曰：勞乎道士，乃辛苦幽隱。於是二人顧視鏡中，乃是鹿也。因問之曰：汝是山中老鹿，何敢詐為人形？言未絕，而來人卽成鹿而走去。

林慮山下有一亭，其中有鬼，每有宿者，或死或病，常夜有數十人，衣色或黃或白或黑；或男或女。後郅伯夷者過之宿，明燈燭而坐，誦經。夜半，有十餘人來，與伯夷對坐，自共樗蒱博戲。伯夷密以鏡照之，乃是羣犬也。伯夷乃執燭起，佯誤以燭燼熱其衣，乃作燋毛氣。伯夷懷小刀，因而捉一人而刺之。初作人叫,死而成犬,餘犬悉走,於是遂絶。乃鏡之力也。」郅伯夷,卽汝南郅惲,風俗通義載其神異事,後漢書有傳。搜神後記也載這一傳說,可信爲屬於漢末的民間傳聞,葛洪本有博徵傳聞以定論的方法,信其爲「眞實」,此爲傳說的特質。旣有超常邪怪,自可依類治之。道教據此神化其說,而民間流傳之說,遂有照妖鏡傳說:

「淮南陳氏,舍中獨坐。忽西二女子,姿色甚美,著紫纈襦青裙,天雨而衣不濕。其壁先掛一銅鏡,鏡中見二鹿,遂以刀斫,獲之,以為脯」。(搜神後記)

壁懸銅鏡,其後流爲民間慣習。明人李時珍言其道理:「鏡乃金水之精,內明外暗,古鏡如古劍,若有神明,故能辟邪魅忤惡,凡人家宜懸大鏡,可辟邪魅。」(本草綱目八)屬於後起的觀念,而道教法器除妖之說更普遍深入於中國社會,成爲民間的習俗。

六朝寶鏡傳說,道教理論整備爲明鏡之道,其一卽外照精魅的法術性,其一爲內思守一的心鏡法。葛洪抱朴子登涉篇所述卽外照鏡道,唐司馬承禎含象劍鑑圖,含象鑑序：「應而不藏，至人之心愈顯；照而徵影，精變之形斯復。」司馬承禎述劍鑑哲學爲道教理論之集大成。除外照法，抱朴子雜應篇所述則屬內視鏡道，守一存思，分形變化，其後南朝上淸經派精密其法，道藏所收「上淸明鑑要經」（國字號）、「洞玄靈寶道士明鏡法」（肆字號）卽此類茅山的淸修道法。道教綜理古來的鏡銘哲學敍述寶鏡的靈力：「鏡銘曰：百鍊神金，九寸圓形；禽獸翼衞，七曜通靈；鑒包天地，盛優魔精。名山仙佩，奔輪上淸。」（上淸長生寶鑑圖）靈威法力，近於建設性巫術，相信百鍊滋液，因其化學變化而類推其法術性；又因鏡飾的靈禽異獸，七曜星辰，傳達神秘的法力。據象徵性的巫術思考原則，以超自然法力厭伏邪魔外力。民間以眞實的態度傳述其說，道教以神秘的方式深論其理，綜合而成寶鏡的神異性格。

劍與鏡同爲道教儀式中的重要法物，其所具的靈威象徵較鏡鑑爲早，爲古墓中習見的陪葬之物。考古圖籍多著錄歷世出土的古劍，六朝時期發掘古塚常發現銅劍，如汲郡中得銅劍一枚，長三尺五寸；西京雜記載魏襄王冢中石牀上有銅劍二枚，猶如新物。（卷六）銅劍爲帝王服御之物，象徵權勢，故爲副葬明器之類；惟寶劍特具巫術性，爲權貴階級的葬儀中，厭勝邪魔的巫術信仰的一種表現。

寶劍傳說，早期與冶鍊巫術有密切的關係。周官載：「鄭之刀，宋之斤，魯之削，吳越之劍，遷乎其地而不能良，地氣然也。」（類聚六〇引）吳越冶鍊集團鑄劍之事，東漢趙曄撰吳越春秋、袁康撰越絕書均一再強調其寶劍製作的神秘性、靈威性。因古代冶鍊技術，實非人力所能完全控制，冶鍊時需施以巫術，此種「建設性巫術」自有其功能，而非故神其說，加以吳越本屬巫風流行的地域，乃益增強其巫術性格。其中干將莫邪與歐冶子作劍爲流傳最廣的傳說。寶劍的劍飾，多飾以靈威之物，增益其巫術功能：吳越春秋載：「伍子胥乃解白金之劍以與漁者，此吾前君之劍，中有七星北斗，價値百金，以此相答。」北斗七星爲古來的星辰信仰，具有靈威，緯書卽盛傳其神秘的力量，因而類推劍的辟邪功能。其後文士結合道家思想、占星術、讖緯說，成爲寶劍哲學。曹丕嘗造「百辟寶劍」——「淬以淸漳，礛礑；飾以文玉，表以通犀，光似流星，名曰飛景。」曹植賦寶刀，結云：「實是眞人礪以之攸御，永天祿而是荷。」劍名百辟，眞人攸御，可見寶劍具有避邪的作用。

神仙道教卽綜括古來寶劍傳說，加以體系化、宗教化，主要人物爲葛洪（抱朴子）、陶弘景（古今刀劍錄），至唐，司馬承禎集大成。主要課題則爲冶鍊法術及其法術功能。葛洪引述道教秘笈，解說有關「涉江渡海，辟蛇龍之道。」——「金簡記云：……以五月丙午日日中，擣五石，下其銅。五石者：雄黃、丹砂、雌黃、礬石、曾青也，皆粉之，以金華池浴之，內六一神爐中鼓下之，以桂木燒爲之，銅成，以剛炭鍊之，令童男童女，進火取牡銅，以爲雄劍；取牝銅，以爲雌劍，各長五寸五分，取土之數，以厭水精也。帶之以水行，則蛟龍、巨魚、水神，不敢近人也。欲知銅之牝牡，當令童男童女，俱以水灌銅，灌銅當以在火中向赤時也，則銅自分爲兩段，有凸起者，牡銅也；有凹陷者，牝銅也，各刻名識之。欲入水，以雄者帶左，以雌者帶右；但乘船不身涉水者，其陽日帶雄，陰日帶雌。又天文大字，有北帝書，寫帛而帶之，亦辟風波蛟龍水蟲也。」（登涉篇）鑄劍之說，金簡記應爲古傳的冶鍊集團的秘籍，表現神秘的巫術儀式。據吳越春秋載干將故事，具體傳述古代「冶鍊巫術」的過程：

「金鐵之精，不銷……。莫邪曰：夫神物之化，須人而成，今夫子作劍，得無其人而後成乎？干將曰：昔吾師作冶，金鐵之類不銷，夫妻俱入冶爐中，然後成物……。於是，干將妻乃斷髮、剪爪，投於爐中，使童男童女三百人，鼓橐裝炭，金鐵乃濡，遂以成劍：陽曰干將，陰曰莫邪；陽作龜文，陰作漫理，干將匿其陽，出其陰而獻之。」

中古乃至上古時期，冶鍊技術與巫術配合，肇因於技術非人力所能控制時，始需借助冶鍊巫術，馬林諾斯基（B. Malinowski）不贊成弗萊哲的巫術觀點——以爲原始人不能分清超自然的巫術與實證技術，而提出只有在實證技術不能有效利用的不安全不確定的情況下才用巫術。吳冶鍊集團既困於「金鐵之類不銷」——實際爲碳的成份未達鋼鐵溶化的狀態，但當時未能作此分析。因此採取「建設性巫術」——夫妻入冶或斷髮剪爪的犧牲，與童男女的裝炭，乃以巫術性行爲獲致科學效果。至於所鑄之劍能分其陰陽者，金簡記具體說明分辨牡、牝銅之法。至於鑄劍的擇日、

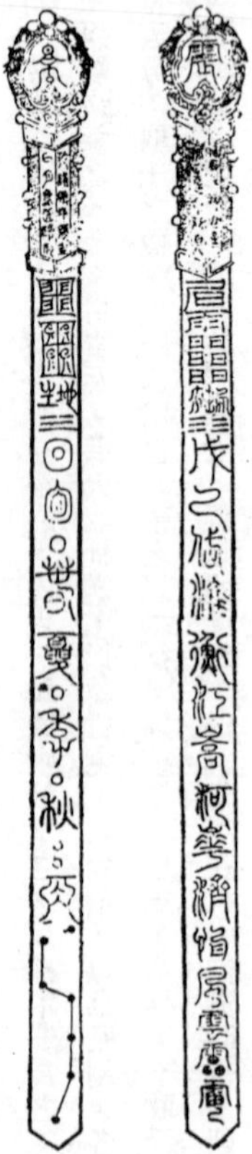

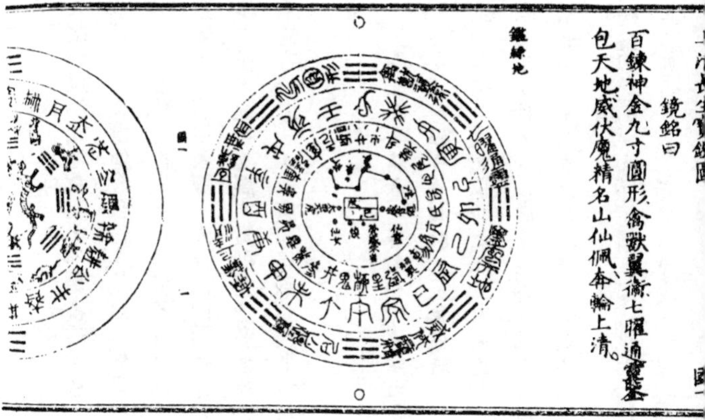
鏡銘曰
百鍊神金九寸圓形禽獸翼衛七曜通靈
包天地威伏魔精名山仙佩奔輪上清。

配法；使用的擇日、佩法，均以戰國以下流行的陰陽、五行為據。葛洪雜輯方術圖籍，解說寶劍的靈威力。渡江涉海，因劍本具蛟龍變化的特性，因此「利用凶物可以辟除邪怪」的同類相治巫術，可「辟風波蛟龍水蟲也」。此即抱朴子所宣稱的「防身卻害，當修守形之防禁，佩天文之符劍。」（道意篇）

方士、道士集團與中國冶鍊技術有密切關係，為道教對中國科學文明的貢獻之一。陶弘景所撰「古今刀劍錄」一卷，朱劍心以爲間存荒誕，不足盡信，然陶弘景撰集歷代著名刀劍則確然可信㈣。所謂荒誕，卽寶劍傳說部份，爲歷代傳聞。今本有弘景自記，慣歎刀劍小事，記注者寡，「遂使精奇挺異，空成湮沒。」所記歷世名器，自夏禹以至梁武，強調歷代帝王寶劍，或能鎭家國，或能鎭山河。爲國家聲威的象徵。後人稽考金石，因爲所載事涉玄怪，疑多譌誤，實則爲道敎傳統的觀念。陶弘景曾爲梁武帝造劍十三口，爲道士的特長之一，至唐司馬承禎爲弘景後四代宗師，其景震劍序，總結道敎寶劍思想：

「夫陽之精者，著名於景；陰之氣者，發揮於震，故以景震爲名。式備精氣之義，是知貞質相契，氣象攸通，運用之機，威靈有應。擕神代形之義，已覩於眞規；收鬼摧邪之理，未聞於奇制。此所以劍面合陰陽，刻象法天地，乾以魁罡爲杪，坤以雷電爲鋒，而天罡所加，何物不伏；雷電所怒，何物不催。佩之於身，則有內外之衞；施之於物，則隨人鬼之用矣。」

述寶劍靈威之力，傳達自魁罡，卽北辰信仰，據星象說：「辰天罡者，當斗星之柄，其神剛強也……天罡主殺伐。」刀劍錄載陶弘景神劍十三口之七：「曰五威靈光，長二尺許，半身有刄，上刻星辰北斗，天市（疑帝）天魁，二十八宿，服此除百邪，魑魅去，厭即伏用之。」以魁罡威力降服鬼神，即「收鬼摧邪之理」。至於「搗神代形之義」，則爲道教尸解法中的劍解之道，爲神秘的尸解成仙的仙道傳說。

道教神化劍、鏡之後，成爲必備的法器，葛洪強調的符劍，可以防身卻害，其後也是道士常有的形象；就是「凡學道術者，皆須有劍鏡隨身。」（李綽尚書故實）後世道教藝術中道教與劍鏡之結不可解之緣，可謂傳承久遠。

## (四)文字法術：符印、呪術

符者，道教秘術的一種。防身卻害，守形防禁，符與劍同具法術功能，乃屬於文字巫術，與符性質相近者則有圖、章等。抱朴子登涉篇嘗論述其護衞作用諸術：「上士入山，持三皇內文及五岳眞形圖，所在召山神，及按鬼錄，召州社及山卿宅尉問之，則木石之怪，山川之精，不敢來試人。其次即立七十二精鎭符，以制百邪之章；及朱官印、包元十二印，封所住之四方，亦百邪不敢近之也。其次執八威之節，佩老子玉策，則山神可使，豈敢爲害乎？余聞鄭君之言如此，實復不能具知其事也。」凡符、印、節、策,皆陽間官府權威之物,依象徵律,自可傳達其靈威,影響於精怪。

符術的淵源,一般都相信早在西漢初期既已有符籙之作,大抵是秦漢間方士所爲,而緯書如龍魚河圖則託爲黃帝得西王母遣道人所授。符書造作,自非黃帝所作,但與漢緯有密切的關係,流傳既久,因而天師道乃襲用之,所以俞正燮癸巳存稿說:「符者,漢時有印文書名,道家襲之,黃老書乃漢人述也;淮南子本經訓云:審于符者,怪物不能惑。是守一之文言,非指符錄。」(卷十三符條)符書號稱張陵始作:魏書張魯傳說:「造作道書」——典略說「造作符書」,東漢李膺益州記又說張陵能行「咒鬼術書」,都顯示天師道曾大量運用符術,且成爲其道派中的重要法術之一。所以葛洪敍述符書的源流說:「符出於老君者,皆天文也;老君能通於神明,符皆神明所授。」依託於老君,也是天師道尊崇老君的作法。

其實,符術早在東漢末既已流行,而且最遲不晚於桓帝元嘉元年(一五一),因近年考古文物出土,在鎭墓文上畫有符籙,有初平元年一件、元嘉元年一件,與定州出土的東漢石刻,標明「西岳神符」、洛陽西郊出土的陶瓶,文末有朱書符、江蘇高郵漢遺趾有劾鬼文木簡,上有符籙。這些出土的文物遍於各地:西北有之、

東南亦有之，普遍使用。而且與鎭墓文一起使用，表示在地下劾鬼，與劾鬼文一樣，敕令鬼物。㊄

這些符籙的形式，多由「日」字形或星象形所組成。葛洪保存在登涉篇的十數種符，也是帶有日、月及星辰圖像者，可確知確爲一脈相承的畫法。類此日、月、星辰的圖形，遐覽篇引述鄭君之言，說是「皆天文」；而雜應篇說「吾聞吳大皇帝（權）曾從介先生受要道，云但知書北斗字及日、月字，便不畏白刃。」介先生就是遐覽篇中能讀符文的介象，知書諸種天文，也就是書符之意。在原始宗敎信仰中，崇信日、月及星辰，具有神秘的威力，因而書寫其文字，自會傳達其神秘的靈威之力，正可剋治超自然的精怪，這種辟邪、鎭魔的作用完全基於巫術性的思考原則。除了作爲符的主體，是具有神秘力的天文，適用以書寫的顏色及物件也需要講究。

丹書書符爲緯書傳統，符應就常是丹書。硃砂書字，丹紅的硃砂本就具有巫術性，這是紅色在巫術中所特有的血液之色的聯想，而且血紅的鮮明色彩也易於具巫術性。丹符就是紅色，文字的組合。登涉篇又強調以丹書桃板或丹書絹上，桃木本身所具有的辟邪作用，見於神荼鬱律神話，癸巳存稿就以爲神荼、鬱律，由桃椎展轉生故事。(卷十三),又說:由桃椎轉爲桃符,其間演變的過程,先爲桃棒、桃梗、桃板之屬。㈥其實,桃木的辟邪性,再加上符之後,才更有辟邪功效。葛洪所強調的桃符,是組合丹色、天文、桃木而凝聚其靈威之力,自可依巫術性思考原則,類推其不可思議的奇效。從東漢的巫術衍變爲晉世的法術,這是具體之例。

東漢末葉,太平道、天師道相繼使用符術、符水,流行頗廣,至葛洪搜羅所得就已「五百餘卷」,且多大符,小符不可具記。符術流行既久,其文字傳寫自有譌誤,孫吳時介象能讀符文,並精於辨識。漢代方士能擅用符術,書符劾魅、役使鬼神,其後均列於後漢書方術列傳中:凡有河南麴聖卿「善爲丹書符劾,厭殺鬼而使命之」——也見於幽明錄、列異傳;費長房得符,以此主地上鬼神,曾敕令汝南妖,變出老鼈原形;又敕葛陂君自斃,見於列異傳;又有壽光侯能劾百鬼衆魅,曾劾蛇精,載於列異傳、搜神記卷二,由於筆記小說所載甚多,所以後漢書也將其劾鬼事列於正史中,其時代都早於張角、張陵。

葛洪所引述的以符劾鬼事,凡有麴聖卿、費長房及魯少千等,其事跡均載於「列異傳」中,此志怪託於曹丕名下,書是魏時所整理,可作爲漢人傳說集,其中所述魯少千劾蛇事,可作爲典型:

「魯少千者，得仙人符。楚王少女為魅所病，請少千。少千未至數十里止宿，夜有乘鼈蓋車從數千騎來，自稱伯敬，候少千。遂請內酒數榼，肴餤數案。臨別言：「楚王女病，是吾所為，君若相為一還，我謝君二十萬。」千受錢，卽為還，從他道詣楚，為治之。於女舍前，有排戶者，但聞云：「少千欺汝翁！」遂有風聲西北去，視處有血滿盆。女遂絕氣，夜半乃蘇。王使人尋風，於城西北得一死蛇，長數丈，小蛇千百，伏死其旁。後詔下郡縣，以其日月，大司農失錢二十萬，太官失案數具；少千載錢上書，具陳說，天子異之。」（廣記四百五十六）

符劾精怪的敍述方式，大多如此。符術在晉世流行，因而符術傳說也最常見，且多與當時名道士有關：搜神記所載，就有謝紀以朱書符致鯉魚作膾（卷二）、郭璞以符變化小豆爲赤衣人，並驅之投井（卷三）、吳猛以符救人、止風（卷一）；至於史傳也載符術，晉書藝術傳有淳于智書字而伏鼠怪；晉諸公別傳也載許邁作符召鼠（御覽九二），可見道敎的符法，爲道士的專長，民間習俗也普行其術。周處風土記五月五日仲夏端午：「造百索繫臂，一名長命縷，一名續命縷，一名辟兵繒，一名五色縷，一名五色絲……又有條達等織組雜物，以相贈遺。」荆楚歲時記註引：「或問辟兵之道，抱朴子曰：以五月五日，作赤靈符著心前。今釵頭符是也。」這段文字卽引自抱朴子雜應篇，可證道教爲適應民俗慣習，施用符術；而民間歲時節日也漸有道教的色彩，此爲其普遍流傳的情形。

印、章的法術與符術相類，因人間官府組織的觀念施用於精怪世界。抱朴子登涉篇：或問爲道者多在山林，山林多虎狼之害，何以辟之。葛洪以印術應之：

「古之人入山者，皆佩黃神越章之印：其廣四寸，其字一百二十。以封泥著所住之四方各百步，則虎狼不敢近其內也。行見新虎跡，以印順印之，虎卽去；以印逆印之，虎卽還。帶此印以行山林，亦不畏虎狼也。不但只辟虎狼，若有山川社廟血食惡神，能作福禍者，以印封泥，斷其道路，則不復能神矣。」

印章的靈威力辟虎狼，去物魅。登涉篇曾舉例爲證：

「昔石頭水有大黿，常在一深潭中，人因名此潭為黿潭。此物能作鬼魅，行病於人。吳有道士戴昞者,偶視之,以越章封泥作數百封,乘舟以此封泥遍擲潭中,良久,有大黿徑長丈餘,浮出不敢動,乃格煞之,而病者並愈也。又有小黿出,羅列死於渚上甚多。」

其功用殆如靈符,依據象徵律,產生超自然的力量,以役用超自然物,仙傳頗記其事。

「黃神越章之印」的具有靈威力,也是漢人的巫俗觀念;在傳世的漢代文物中,有黃神印;上有天帝師、黃神之印、黃神越章、黃神使者印章、黃神越章天帝神之印、天帝使者、天帝殺鬼之印等字樣。又有鎭墓文,上有天帝使者告丘丞墓伯、天帝使黃神越章、天帝神師黃越章、天帝神師使者。根據報導,民國卅九年在江蘇高郵東漢遺址中出土一方木簡,爲目前僅見的一件東漢時劾鬼文的實物材料,其上的文字作:

「乙巳日死者鬼名爲天光,天帝神師已知汝名,疾去三千里,汝不卽去,南山▨▨令來食汝,急如律令。」

同址還有一朱書文陶罐，中有「王池坤池」等語；又有「天帝使者」封泥一方。㊆從這些文物可以推知漢人的宗教宇宙觀：就是天帝可派遣使者指令地下冥吏作事，或驅逐精鬼等不祥之物，使者就是黃神，鎭墓文中有「黃神生五嶽，主死人錄，召魂召魄，主死人籍。」則黃神是五嶽的神靈，或卽天帝之孫的泰山神，所以黃神越章之印，是驅鬼鎭邪的神靈之物。印章具有法力，自是人間官府聲勢喧赫的官威，象徵地運用於地下的幽冥世界，也運用於地上的精怪世界。它原先是方士及巫覡作法所用的法物，道教興起之後，繼續保存下來作爲法物。葛洪所錄的，自是前代道士的遺法，早期道派如天師道所用「天師」二字，就是「天帝神師」的簡稱；而且已襲用黃神越章作爲劾鬼之用，所以佛教中人卽以此爲道教的虛妄：釋玄光辯惑論中有「造黃神越章，用持殺鬼」、釋道安二教論有「惑輕作凶妄，造黃神越章，用持殺鬼」，這些被攻詰之處，也正是道教的專長，葛洪在論仙篇強調「神仙集中有召神劾鬼之法，又有使家鬼之術」、「術家有拘錄之法」，黃神越章爲其中要法之一。故可持以登涉山林，驅獸去魔。此外，遐覽篇又說：「朱官印包元十二印，封所住之四方，亦百邪不敢近之也。」印封的使用，葛洪在「神仙傳」中載尹軌爲弟子黃理居除陸渾山中虎暴，「使其斷木爲柱，去家五里，四方各埋一柱，公度卽印封之，虎卽絕迹。」（卷九）爲驅虎之例。道學傳據齊書顧歡傳，說顧歡爲弟子鮑雲綬門前的木上精魅作法，「印木，木卽枯死。」爲除怪之例，後世傳說天師府書符必加蓋印，仍有以印的靈威力鎭邪的意義。

民間習俗，也信印的呪術性，據云：「仲夏之月以桃印，長六寸，方三寸，五色書文，如法以施門戶……周人以桃爲更，言氣相更也。漢兼用之，故以五月五日朱索，五色印爲門戶飾，以難止惡氣。」（後漢書卷十五）周處「風土記」、宗懍「荊楚歲時記」端午記事，但言朱索等織組雜物，又採艾懸戶上，未及五色印事。或卽印於繒縷之上。蓋五色印，可爲辟邪之物。

道教與符圖並行，近於文字巫術者，則所謂呪法，乃施用呪語以行法術的觀念。呪之起源也極早，祝、呪有關：祝爲古代掌祭之官，從示乃標識崇拜的象徵，與巫、史同爲古代的祭司，其分布地域廣闊，今之陝、晉、冀、豫、皖、鄂各省皆有祝官，影響及於吳楚之地；而一般所說的呪（或作咒）則指其呪文。惟道教呪語則深有漢風，俞正燮曾考述說：「道家咒語亦漢式。雲麓漫鈔云：急急如律令，漢公移常語，張天師漢人，故承用之，道家遂得祖述。野客叢書云：此沿漢式，如今言文書千里驛行，其言至通。」（癸巳存稿十三，符條）卽指符上的咒語形式，惟一般所用呪語，當汎指具有呪術功能的祝辭，多以韻語形式爲主。

抱朴子多載祝辭，其法術信仰實借外力以行法術。如星辰之力，卽因星辰信仰而生靈力；而祝辭則因語言法術，借反覆祝誦一些具有靈威的事物，傳達其神秘威力，所以它運用語言、文字的巫術原理，實與符、印相通，只是形式有別而已。雜應篇引述鄭君之言：

「但誦五兵名，亦有驗：刀名大房，虛星主之；弓名曲張，氐星主之；矢名彷徨，熒惑星主之；劍名失傷，角星主之；弩名遠望，張星主之；戟名大將，參星主之也。臨陣時，常細祝之。」

細祝爲施法，所謂誦五兵名，卽假借五星靈力之故。戰陣上可施用，卽入山林，也可借用戰陣之威以臨精邪，此卽六甲秘祝，載於登涉篇中：

「入山宜知六甲秘祝，祝曰：臨兵鬬者皆陣列前行。凡九字，常當秘祝之，無所不辟。要道不煩，此之謂也。」

此九字呪語，，也載於靈寶五符序卷下（第八紙），當是古靈寶經法，其後爲後魏曇鸞大師所引述，其呪術功能殆如淨土宗的宣唱佛號，往生論註卷下載：

「如禁腫辭云：日出東方，乍赤乍黃等句，假使酉亥行禁，不關日出，而腫得差。亦如行師對陣，但一切齒中，誦「臨兵鬪者皆陣列在前行」（行在字），誦此九字，五兵之所不中，抱朴子謂之要道者也。又苦轉筋骨，以木瓜對火熨之則愈；復有人但呼木瓜名亦愈，吾身得其效也。如斯近事，世間共知，況不可思議境界者乎？」

曇鸞嘗赴江南陶隱居處求取方術，得到仙方十卷。抱朴子登涉篇九字呪爲其熟知的「禁呪音辭」，也是「世間共知」的方術，可知其流行的普遍。

葛洪採錄在登涉篇中的呪術有多種，可辟不同的猛獸，如猛虎、及蛇龍之類：

「又法：以左手持刀閉炁，畫地作方，祝曰：『恆山之陰，太山之陽，盜賊不起，虎狼不行，城郭不完，閉以金關。』因以刀橫旬月中白虎上，亦無所畏也。」

「又法：臨川先祝曰：『卷蓬卷蓬，(原注或作弓逢弓逢)河伯導前辟蛟龍，萬災消滅天清明。』」

杜祭酒別傳載杜祭酒「君弟子三人，隨道士邢邁入宣城涇縣白水山，去縣七十里，餌求黃精，經歷年所，有鹿走依舍邊伏眠，邁等怪之，乃爲虎所逼，邁乃呪虎退，鹿經日乃去。」(御覽九〇六引)此即行呪術避虎之法。

呪術中持刀閉炁或臨川而呪，重在喚靈威力以辟虎狼、蛟龍，但有一種呪，需配合禹步的，爲「遁甲中經」所載的呪法：

「往山林中，當以左手取青龍上草，折半置逢星下，歷明堂入太陰中，禹步而行，三呪曰：『諾皐大陰，將軍獨開，曾孫王甲，勿開外人；使人見甲者，以為東薪；不見甲者，以為非人。』則折所持之草置地上，左手取土以傅鼻人中，右手持草自蔽，左手著前，禹步至行，到六癸下，閉氣而住，人鬼不能見也。凡六甲為青龍，六乙為逢星，六丙為明堂，六丁為陰中也。」

葛洪所修習的遁甲術，除注意日數外，就是保留早期的禹步法：

「禹步法：正立，右足在前，左足在後，次復前右足，以左足從右足併，是一步也。次復前右足，次前左足，以右足從左足併，是二步也。次復前右足，以左足從右足併，是三步也。」

有關禹步的起源，自與大禹治水的傳說有所關聯，道藏「洞神八帝元變經」禹步致靈章說是「夏禹所爲術，召役神靈之行步，以爲萬術之根源，玄機之要旨。」而禹步的靈感，乃是觀南海之鳥禁呪，模寫其行，令之入術。這是衍化緯書之說而來，原先應爲方士、巫覡作法時所用，道士加以吸收運用；後來且成爲步綱躡紀之法，可依八卦方位或北斗七星等而行，使用於步虛、齋醮之中。

禹步也與步虛一樣，也有與佛經有關的傳說，漢譯初期，神呪經頗受重視，而高僧也多能以呪語行法，葛洪的「抱朴子」佚文有一條極爲奇特的資料：

「案使者甘宗所奏西域事云：外國方士能神祝者，臨淵禹步吹氣，龍卽浮出，其初出乃長十數丈。于是方士更一吹之，一吹則龍輒一縮。至長數寸，方士乃掇取著壺中。壺中或有四五龍，以少水養之，以疏物塞壺口。國常患旱災。于是方士聞餘國有少雨屢旱處，輒齎龍往賣之，一龍直金數十斤。舉國會斂以頗之直畢。乃發壺出一龍，著淵潭之中。因復禹步吹之，一吹一長，輒長數十丈，須臾而雲雨四集矣。」（藝文類聚九十六，御覽十一，七百三十六，九百二十九。）

這條如確爲葛洪所記，則當時已知西域的神呪與禹步有密切的關係，在求雨術中所出現的「龍」，應是佛經傳說中的龍，而非中國本土的靈物。

對於祝辭的運用，後來大量出現於上淸經派的道經中，也保存於北周編的「無上秘要」，其中使用最多的是傳授經訣，用祝辭作爲訓告之用。相較之下，葛洪保存於書中的，較爲素樸，純粹作爲反覆誦念，借以感應天地之間的神秘力，近於漢晉初期的文字法術。

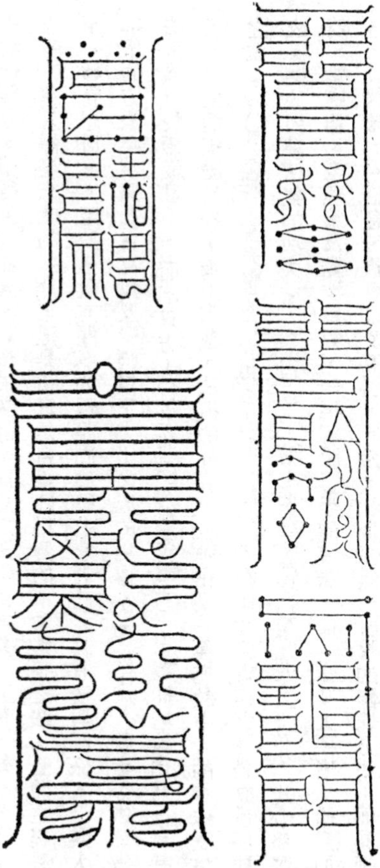

上爲老君入山符，爲「抱朴子」中所保存的早期符文

## (五)氣功法術：禁氣及嘯法

中國古宇宙哲學以萬物乃道氣的變化，漢代子書多闡說氣的生成原理，神仙道教即基於氣化哲學，形成其養氣論與禁氣術。抱朴子嘗說：「夫人在氣中，氣在人

中：自天地至於萬物，無不須氣以生者也。善行氣者，內以養身，外以卻惡，然百姓日用而不知焉。」(至理篇)依據巫術定律：同類相生，故可因氣補氣，因血益血；同類相治，故可因氣禁氣，因物治物，禁氣之術即巫祝者流，根據此神秘思惟方式所產生的超自然力。

禁氣術爲道門中極爲特殊的功法，漢晉之際既已出現，葛洪所保存的是較爲完整的一部分，値得特別注意。如依道教靜坐調息之法，由放鬆、入靜、精神集中等程序，進入靜坐忘我的狀態，這是道家承自巫師秘傳的精神修養之法，且將之提昇至一種哲學層次。至於道教有關氣的理論固然與道家老莊之說有密切關係，但其大部份的方法應該屬於古巫以及戰國以下方士之流的秘傳，像導引、行炁等修煉方法，盛行於兩漢社會，而不只方士行之而已。但至道士手中，經精純化爲一套養氣、煉氣的經驗科學，被上宗教、法術的外衣，被神化成一種道教中人的特殊養生之法，其實只是一套完整而自成體系的氣功修煉，在印度瑜珈術之外獨立發展而成。關於道教煉氣的功夫，葛洪抱朴子爲早期道籍中煉氣說的集大成，其中釋滯篇、雜應篇、至理篇及登涉篇等，一再解說行炁的方法，而「命其大要者，胎息而已」(釋滯)。胎息、龜息以及導引、行炁，就是煉氣士所說的修煉方法；而其理想，抱朴子說是「可以延年」、孫廣「嘯旨」序說是「致不死」，也就是希冀通過氣的修煉而突破時間、空間的大限，臻於絕對自由、逍遙的神仙境界。但其表現出來的煉氣方法，門徑不同，凡有禁術、嘯法等，兩者常同時修煉，因爲同屬基於守意行炁的內修法門。

今人都注意道門使用「炁」字，用以指經由修練之後，引發出的一種內在的氣能。葛洪嚴格遵守這種不同的用法，凡描述大自然的氣都一例用「氣」字，但一旦指修練所成的氣，則一定寫成「炁」，毫無例外。至理篇論氣的一段文字就是這種筆法，可知當時道士已體驗出人身所發出的特殊的能，特意突出。有關道教的氣功，對於「炁」的神秘，近代已有科學家嘗試引用一些科學理論加以解釋，相信必能揭開其神秘的面紗。葛洪所述的禁氣術及相關的特異現象，在此僅整理出一較完整的體系，而不擬引用目前發展中的氣功理論予以解說，無論如何，這是一批值得關心的氣功學史料。

葛洪抱朴子所敍述的行炁、禁術與噓法，同爲氣的修煉，其法可能與閩巫、越巫的巫術有關，像趙炳與徐登就是能兼有嘯法與禁術的方術之士，其事跡在抱朴子、搜神記以及異苑、水經注都有類似的記載，後漢書方術傳將之收錄。徐登爲閩中人——李賢注爲泉州、沈欽韓以爲閩中總稱；趙炳爲東陽人——李賢注爲婺州，即浙江，故「能爲越方」。至理篇說：

近世左慈、趙明等，以炁禁水，水為之逆流一二丈。又於茅屋上然火煮食食之，而茅屋不焦。又以大釘釘柱，入七八寸，以炁吹之，釘即涌射而出。又以炁禁沸湯，以百許錢投中，令一人手探摝取錢，而手不灼爛。又禁水中著中庭露之，大寒不冰。又能禁一里中炊者，盡不得蒸熟。又禁大令不得吠。」

後漢書所言趙昞，即是趙明；卒後，民間立趙侯祠，故江南又傳趙侯禁法。（李賢注）搜神記記二人事與後漢書同：

閩中有徐登者，女子化為丈夫，與東陽趙昞；並善方術。時遭兵亂相遇於溪，各矜其所能。登先禁溪水為不流，昞次禁楊柳為生稊，二人相視而笑。登年長，昞師事之。後登身故，昞東入長安，百姓未知，昞乃昇茅屋，據鼎而爨。主人驚怪，昞笑而不應；屋亦不損。（卷二）

徐登、趙昞，貴尚清儉，祀神以東流水，削桑皮以為脯。（卷二）

禁氣修鍊之法，抱朴子多處言之，爲早期禁術的集大成。雜應篇說：

仙人入瘟疫秘禁法，思其身為五玉。五玉者，隨四時之色：春色青，夏赤四季月黃，秋白，冬黑。又思冠金巾，思心如炎火，大如斗，則無所畏也。又一法，思其髮散以被身，一髮端輒有一大星綴之；又思作七星北斗，以魁覆其頭，以罡指前；又思五臟之氣，從兩目出，周身如雲霧，肝青氣，肺白氣，脾黃氣，腎黑氣，心赤氣，五色紛錯，則可與疫病者同床也。或禹步呼直日玉女；或閉氣思力士操千斤金鎚，百二十人以自衛。

思五玉之法，雜應篇嘗具體言云：「或春向東食歲星，青氣使入肝；夏服熒惑，赤氣使入心；四季之月食鎮星，黃氣使入脾；秋食太白，白氣使入肺；冬服辰星，黑氣使入腎。」歲星即木星，熒惑即火星，鎮星即土星，太白即金星，辰星即水星，此五星方位，配合五色、五臟，乃漢代所流行的陰陽五行的通說。關於五星有抱朴子佚文引述青泠傳等書說：「辰星水精生玄武，歲星木精生青龍，熒惑火精生朱鳥。古今注所謂赤烏者，朱鳥也，其所居高遠。」(類聚九二引)類似的食氣存星之法，即由守一行炁，精神集中的自我訓練法，此亦假借外物、外氣以自固之理。

登涉篇論登涉之法，也說

未入山，當預止於家，先學作禁法：思日月及朱雀、玄武、黃龍、白虎以衞其身，乃行到山林草木中。左取三口炁閉之，以吹山草中，意思令此炁，赤色如雲霧，彌滿數十里中。若有從人，無多少皆令羅列，以炁吹之，雖踐蛇，蛇不敢動，亦略不逢見蛇也。若或見蛇，因向日左取三炁閉之，以舌柱天，以手捻都關，又閉天門，塞地戶，因以物抑蛇頭，而手縈之，畫地作獄以盛之，亦可捉弄也。雖繞頭頸，不敢嚙人也。自不解禁，吐炁以吹之，亦終不得復出獄去也。

思日月星辰，以爲其威力可治蛇，純屬巫術性的思考原則；凡治蛇法均與此相近：「介先生法，到山中住，思作五色蛇各一頭，乃閉炁以青竹及小木枝屈刺之，左廻禹步，思作蜈蚣數千枚，以衣其身，乃去，終亦不逢蛇也。」思蛇治蛇，同類相治。此法又可治蛇病：「若他人爲蛇所中，左取三口炁以吹之，即愈，不復痛。若相去才數里者，亦可遙爲作炁，呼彼姓字，男祝我左手，女祝我右手，彼亦愈矣。」祝由之科，可治病；蛇病也，可用此法治之。

登涉山林，蛇最需禁制，又懼虎患，故又有禁虎之法。登涉篇說：

> 山中卒逢虎，便作三五禁，虎亦卽欲去。三五禁法，當須口傳，筆不能委曲矣。一法：直思吾身為朱鳥，令長三丈而立來虎頭上，因卽閉氣，虎卽去。若暮宿山中者，密取頭上釵，閉炁以刺白虎上，則亦無所畏。或用大禁，吞三百六十氣，左取右以叱虎，虎亦不敢起。以此法入山，亦不畏虎。

至理篇說：「又能禁虎豹及蛇蜂，皆悉令伏不能起。」、「若人爲蛇虺所中，以炁禁之則立愈。」凡毒物皆可以氣禁之。此外又有其他作用，如禳災禁邪之屬，在同一篇中有詳細的描述：

> 吳越有禁呪之法，甚有明驗，多炁耳。知之者可以入大疫之中，與病人同牀而己不染。又以羣從行數十人，皆使無所畏，此是炁可以禳天災也。或有邪魅山精，侵犯人家，以瓦石擲人，以火燒人屋舍，或形見往來，或但聞其聲音言語，而善禁者，以炁禁之，皆卽絕，此是炁可以禁鬼神也。……以炁禁金瘡，血卽登止。又能續骨連筋。以炁禁白刃，則可蹈之不入。

禁炁的功能，可謂廣施於日用之中。依釋滯篇記載：除上述治百病，入瘟疫、禁蛇虎，止瘡血，「或可以居水中，或可以行水上，或可以辟饑渴，或可以延年命。」施用甚廣，將人類內在某種神秘的能量發揮至極，成爲自療療人，自防防人的能力。

禁氣術所使用的術語，除了「禁」、「祝」之外，又用「噓」與「嘯」字，均與內氣的表出有關：

「善用炁者噓水，水為之逆流數步；噓火，火為之滅；噓虎狼，虎狼伏而不得動起；噓蛇虺，蛇虺蟠而不能去。若他人為兵刃所傷，噓之血卽止；聞有為毒蟲所中，雖不見其人，遙為噓祝我之手，男噓我左，女噓我右，而彼人雖在百里之外，卽時皆愈矣。」

可見禁、噓爲同一法術，以口將一種特異的能量噓出，產生各種奇特的現象。

「嘯」也是道教氣功的表現，除了將丹田運氣之理運用於聲樂，成爲歌嘯的音樂表現外，還是道士長期修練而爲一種氣功表現，搜神記說「趙炳嘗臨水求渡，船人不許。炳乃張帷蓋，坐其中，長嘯呼風，亂流而濟。於是百姓敬服，從者如歸。」（卷二）能驅遣風雲，近於神通，爲六朝道教法術傳說之一，並非只是表現狂態而已，而是感鬼神致不死的奇異行爲。後漢時的民間傳聞，已將嘯逐漸轉變成一種法術，就像道教的一些法物：凡刀劍、寶鏡等辟邪寶物，以及符咒秘語，都在東漢時期廣爲流傳，道教只是將它消化、整理成爲法術而已。就如劉根的元剛格嘯法能感應鬼神，後漢人欒巴也因其奇特能力，如噀水救火等幻術、神通，在後世神仙傳說中被塑造成爲神仙形象，葛洪神仙傳就記載二人的嘯法，可作爲東漢時期方術之士精於嘯法的明證。

「神仙傳」詳述劉根於嵩山學道成功後，從學者衆，太守史祈以根爲妖妄，收執詣郡，數其罪，根於是長嘯，「嘯音非常清亮，聞者莫不肅然」，結果祈的亡父祖近親都反縛在前，向根叩頭而責備太守。唐孫廣撰「嘯旨」就簡述其事，特稱爲元剛格，據說「其聲清淨徑急，中人已下惡聞之，雖志人好古嘯者多不隸習，以故其聲多闕，後之人莫能補者。」純因神仙傳描述聞者震悚之情狀，乃故神其術，但能感動鬼神，確是一種法術。孫廣未收錄欒巴的長嘯傳說，其實也是早期以嘯除妖的典型神仙傳載：

（欒巴）遷豫章太守，廬山廟有神……巴曰：廟鬼詐為天官，損百姓日久，罪當治之，以事付功曹……此鬼於是走至齊郡，化為書生，善談五經，太守卽以女妻之……巴謂太守：「賢婿非人也，是老鬼詐為廟神，今走至此，故來取之。」……巴乃作符，符成，長嘯，空中忽有人將符去，亦不見人形，一坐皆驚。符至，書生向婦涕泣曰：「去必死矣。」須臾，書生自齎符來至庭，見巴不敢前，巴叱曰：「老鬼，何不復爾形。」應聲卽便為一貍，叩頭乞活。巴勅殺之，皆見空中刀下，貍頭墮地。太守女已生一兒，復化為貍，亦殺之。（卷五）

以嘯勅令鬼神，也近於法術除妖。

嘯的傳說流傳於魏晉時期，被視為奇術之一。因而見載於劉宋劉敬叔＜異苑＞中：一種是術士趙晃「淨水焚香，長嘯一聲」，勅令鬼神除去幻化成「衣白衣，冠白冠，形神修勵」的大白蛇妖，及黿鼉之屬的從者（卷八）；另有晉南陽趙侯能「以盆盛水，閉目吹氣作禁，魚龍立見。」，又因老鼠盜食白米，長嘯令至，而呪令盜者不可走。類此傳說均與葛洪所載徐登、趙炳，及神仙傳中的嘯法，同屬氣的法術。

魏晉時道教中人盛行嘯法，最為風雅的為孫登之嘯，而阮籍也善嘯，其實當時奉道文士善嘯者甚衆，如琅邪王氏中王正一支；陳郡謝氏，都有以嘯爲雅的逸事。但在道教史上仍以道士作嘯最爲當行本色，趙威伯善嘯，「聲若衝風之擊長林、衆鳥之羣鳴。」（洞仙傳）所以嘯法是道士的氣功表現，而文士則當作傲態、逸態，是異於常法的聲音表現。唐人孫廣所輯的「嘯旨」，其事出道書，爲道教的嘯法作一整理，爲後世中國式歌嘯法留下珍貴的史料。㈧

## ㈥經圖法術：三皇文與五嶽圖

在辟邪除妖的方法中，與語言、文字法術相關，但較屬於運用經書、圖形本身的靈威力，發揮其神秘作用，則有遐覽篇所說的：三皇文及五岳眞形圖，乃葛洪得自鄭隱，「聞鄭君言：道書之重者，莫過於三皇文、五嶽眞形圖。」三皇文及五岳眞形圖均具有護符性質，可呼召山神，其傳授至秘。凡登涉護身、在家護家，爲當時重要的道法。

抱朴子地眞篇盛言黃帝嘗「東到靑丘，過風山，見紫府先生，受三皇內文，以劾召萬神。」託諸黃帝，爲道教慣常之說，其作用爲「召天神地祇之法。」（金丹篇)三皇文的具體內容,就是按天、地、人,而有天皇文、地皇文、人皇文,具有護符之用:衞家、護身、鎭宅、墓相,兼可役使鬼神。由於其效用甚大,因而傳授極爲秘禁。在漢晉之際,鮑靚感得三皇文,是當時三皇經派的重要人物。葛洪一再提起鄭思遠的鄭重解說,但是否有所傳授;抑是其後得自鮑靚,不能確知,但他深知三皇文則是事實。

在雜應篇中,曾說明三皇文的重要性,乃屬於預知術,其能力由役使鬼神而來:「或以三皇天文,召司命司危五岳之君,阡陌亭長六丁之靈,皆使人見之,而對問以諸事,則吉凶昭然,若存諸掌,無遠近幽深,咸可先知也。」這段文字與無上秘要引三皇要品相類,大概卽引自三皇經本身。較爲詳盡的敍述用法,仍見於遐覽篇中:

「其經曰,家有三皇文,辟邪惡鬼,溫疫氣,横殃飛禍。若有困病垂死,其信道心至者,以此書與持之,必不死也。其乳婦難艱絕氣者持之,兒卽生矣。道士欲求長生,持此書入山,辟虎狼山精,五毒百邪,皆不敢近人。可以涉江海,却蛟龍,止風波。得其法,可以變化起工。不問地擇日,家無殃咎。若欲立新宅及冢墓，卽寫地皇文數十通，以布著地，明日視之，有黃色所著者，便於其土起工，家必富昌。又因他人葬時，寫人皇文，並書己姓名著紙裏，竊內人冢中，勿令人知之，令人無飛禍盜賊也。有謀議己者，必反自中傷。又此文先潔齋百日，乃可以召天神司命及太歲，日遊五岳四瀆，社廟之神，皆見形如人，可問以吉凶安危，及病者之禍祟所由也。又有十八字以著衣中，遠涉江海，終無風波之慮也。」

葛洪所引的「經」，應該就是三皇經。道士深信持有三皇經文，具有役使鬼神，預知吉凶的能力，也能辟邪魔、惡獸。

五嶽眞形圖也是同一性質的經訣秘圖，其原始應是實際地理的登山指南，爲實用性的山嶽等高線圖、登山指引圖，又兼具有護符的作用，可以護佑道士登涉山林時的心理。其後更有作爲冥思眞形的暗示用途，[八]葛洪所引述的五嶽圖，就是已結合數種作用的法術：

又家有五嶽真形圖，能辟兵凶逆，人欲害之者，皆還反受其殃。道士時有得之者，若不能行仁義慈心，而不精不正，卽禍至滅家，不可輕也。

辟兵、辟凶逆，適爲道士登涉及遊行各地之所需。尤其當時採藥、煉丹，甚或修守一之術，均需入山——如五嶽等名山，更需仰仗護符以衞身家。上清經派也重視五嶽圖，漢武內傳提到十洲及五嶽眞形，而在十洲記中，進一步解說眞形圖的種類。關於五嶽圖的傳授，在「漢武外傳」中敍述的譜系，就有魯女生傳薊子訓，訓傳封君達、達傳左慈，慈傳葛孝先，因而有鄭思遠、葛洪等的道法傳承。外傳所記，除傳承的譜系外，還詳述其招神的功用，可補充遐覽篇之說：

言家有五嶽真形，一嶽各遣五神來衛護圖書，所居山川近止者，川澤神又恆遣侍官防身營家，凶逆欲見傷害皆反受其殃，有相謀議己者，五神殺凶主，皆驗應于夢想，又辟除五方五瘟水火之災，可帶履鋒刀，此真形冥，心精加奉敬，敬而甚于君父，每事宜有所施行，皆先于靜處燒香，啓五嶽君也。五君恆書道士善事，又司道士之奸穢，言人之不正，不正者禍身，奸穢者禍門，是以宜深忌慎之。道士帶此文形及執持以履山林者，百山地源靈主皆出境拜迎，形見光景，防護過惡，尊貴嶽形。

類似的說法，當卽採諸五嶽圖原書，道藏現有「洞玄靈寶五嶽古本眞形圖」、「五嶽眞形序論」及收在雲笈七籤的，雖是雜有後來增編之處，但也保存部分原有的說法：像鮑氏佩施用、五嶽圖序，所敍述的五嶽神君，就有助於瞭解葛洪所說的招請五嶽之長的意義。因五嶽神君各領羣神，只要有五嶽圖，一旦施用，神君從羣官來迎，自能履險如夷。所以「神仙傳」說封衡授圖之後，「周遊天下，故山官水神潛相迎伺，而凶惡怪物無不竄避；人或疑之，以矢刀刺禦，皆不能害。」（卷十）

由於三皇文、五嶽圖的秘重，因而傳授的科禁也極爲嚴格，遐覽篇曾引述經圖上的說法：

> 古人仙官至人，尊秘此道，非有仙名者，不可授也。受之四十年一傳，傳之歃血而盟，委質為約。諸名山五岳，皆有此書，但藏之於石室幽隱之地，應得道者，入山精誠思之，則山神自開山，令人見之。如帛仲理者，於山中得之，自立壇委絹，常畫一本而去也。有此書，常置清潔之處。每有所為，必先白之，如奉君父。

有關帛和得經事，也載於神仙傳中：說帛和在西城王君（方平）指示道訣後，在山洞石室中，視北壁凡三年，終見文字著於石壁，其中就有三皇文及五嶽眞形圖，正是立壇委絹的事;鮑氏佩施用所說的文字也相近。有關受圖者、授受無限,及戒儀,也載於上清經派「四極明科經」中,就說「若有名書東華錄字,帝簡當得此文,四十年內有其人,聽得授之,法盟:五色繒,東九尺青、南三尺絳、西七尺白、北五尺皁、中央十二尺黃;紋白絹四十尺,齋三月,告盟而傳。」四十年,就是所謂「五八之年而傳」。又說「有此文,遊行五嶽,則五帝仙人侍衞……位登仙卿」(卷四第四紙)葛洪所見的原本,也是同一說法,所以登涉篇說:「上士入山,持三皇內文及五嶽眞形圖,所在召山神」,因而木石之怪,山川之精,不敢來試。

從道藏所存的古圖,再參證五嶽圖序——或漢武內傳所說:「五嶽眞形者,山水之象也:盤曲廻轉,陵阜形勢,高下參差,長短卷舒,波流似於舊筆,鋒芒暢乎嶺崿,雲林玄黃,有如書字之狀;是以天眞道君,下觀規矩,擬縱趣向,因如字韻,隨形而名山。」依託於天眞道君的下觀或玄觀,自是神仙家之說。作爲具有護符作用的圓形,五嶽眞形圖保存兩漢方士、緯書所運用的古圖,將它道教化爲神秘的眞形圖,確是道教法術中極具特色的一種:神秘的圖文中,別具特殊的美感。

圖一

圖二

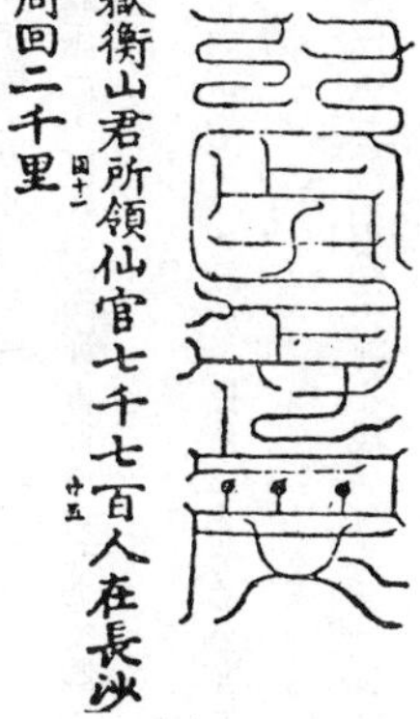
南嶽衡山君所領仙官七千七百人在長沙
界周回二千里

上爲玄覽人鳥眞形圖
下爲五嶽古本眞形圖

## 附註

㈠詳參拙撰，「六朝精怪傳說與道教法術思想」，刊於「中國古典小說研究專集」⑶（臺北、聯經、民國七〇年），本文不再詳註。

㈡ 參陳槃古讖緯書錄解題㈠，白澤圖、刊於「中研院史語所集刊」一二本（民國四〇年）。饒宗頤，「跋敦煌本白澤精怪圖兩殘卷」並附原卷攝影刊於「史語所集刊」四一期，（民國五八年）。林聰明，「巴黎藏敦煌本白澤精怪圖及敦煌二十詠考述」，刊於「東吳文史學報」二號，（民國六六年三月）。

㈢ 詳參「六朝鏡劍傳說與道教法術思想」，刊於「中國古典小說研究專集」⑵（民國六九年六月）。

㈣ 朱劍心，「金石學」一章（臺北、商務、民國五八年臺二版）。

㈤ 吳榮曾，「鎭墓文中所見到的東漢道巫關係」，收於「中國社會經濟史參考文獻」（臺北、華世、民國七十三年）。

㈥ 常任俠，「饕餮、終葵、神荼、鬱壘、石敢當小考」，收於「民俗藝術考古論集」。

㈦ 參吳榮曾前引文。

㈧ 詳參拙撰，「嘯的傳說及其對文學的影響」，刊於「中國古典小說研究專集」⑸，（民國七十一年十一月）

㈨ Schipper 著，M・スウシェ譯，「五嶽眞形圖の信仰」，刊於「道教研究」第二册（東京、昭森社、一九六七年）

# 十三、抱朴子的神通變化說

## ㈠神通變化說的淵源與內容

葛洪養生說，是與變化之術有密切關係的，在對俗篇中，他強調神仙可以學致、道術可以學得，道術與神仙的關係密不可分；而且俱被包羅於廣義的變化說之中，「變化」成爲神仙道術的特殊能力：

若道術不可學得，則變易形貌，吞刀吐火，坐在立亡，興雲起霧，召致蟲蛇，合聚魚鼈，三十六石立化爲水，消玉爲粘，潰金爲漿，入淵不沾，蹴刃不傷，幻化之事，九百有餘，按而行之，無不皆效，何為獨不肯信仙之可得乎！

分析這段文字，可以知道變化之術包括：化石爲水、消金作液的金丹變化，召致蟲蛙、合聚魚鼈的法術變化；入淵不溼、蹴刃不傷的神通變化；以及變易形貌、興雲吐霧的幻術變化。其範圍廣泛，均爲神仙之能事，其中金丹變化屬於煉丹術，餘均與古來相傳的巫術、方術及西來的幻術、佛教神通有關。

道教的養生，尤其「抱朴子」所綜述的，確有駁雜多端的特色，其目的就是爲著養生成仙。所以變化的道術，一方面是基於不傷不損的基本原則，藉各種法術所發揮的能力，卻惡除邪，以利養生；另一方面則是基於遊戲人間的遊仙精神，藉各種神通表現超乎平常的能力；幻化無窮，逍遙自得。保存在「抱朴子」中的奇術異能，多集中於登涉、雜應兩篇中；而遐覽篇所著錄的道書符術，多有與法術、神通相關的。葛洪所承襲的法術、神通說，大多仍保持較爲素樸的敍述筆法，多屬漢代術數之學；但漢代已有西來的幻術，稍後佛經所帶來的神通變化說，尤能啓發仙道中人豐富的想像力。

葛洪所綜輯的前道教時期的道術，乃雜糅巫術、方術及幻術而成。漢代學術中最爲駁雜而龐大的正是術數之學，兩漢的社會提供方術之士製作術數的溫床，陰陽五行說作爲理論依據，本是具有濃厚的機械論傾向，但術數家卻能靈活運用，大則宇宙萬物，細則日用民生，俱不脫陰陽五行的思考模式。其次兩漢象數化的易學，將原本素樸的卜筮易推演至於繁瑣的情況，借以解說宇宙人生的奧秘。因而讖緯之學大盛於東漢，而道教隨之興起於漢末，實在是因其潮流，順勢形成。因此道教雖有部分外鑠的成分；但在本質上則是中國的傳統，尤以搜羅在「抱朴子」一書中的道術，駁雜多端，卻也兼含遊戲性的幻術、科學性的實驗及人類尚待解說的超能力。

由於兩漢至六朝的科學尚屬未臻精密的階段，所以對待日常生活中一些較爲奇特的現象，就產生極爲分歧的態度：儒家類多以怪刀亂神視之，以理性立場加以批判；而方士則反而炫奇，發展出另一雜學傳統。李約瑟將這一系統稱爲「擬科學」㊀，但給予相當程度的肯定並略作重估。方士雜術爲道教悉數吸收，並在論辯中逐漸加以體系化、精緻化，成爲道教不可或缺的一部分。葛洪在對俗篇中就是以辯才無礙的能力，力證道術的可能，卽以科學證驗之：「夫占天文之玄道，步七政之盈縮；論凌犯於旣往，審崇替於將來；仰望雲物之徵祥，俯定卦兆之休咎；運三棋以定行軍之興亡，推九符而得禍福之分野；乘除一算，以究鬼神之情狀，錯綜六情，而處無端之善否，其根元可考也，有形理可求也。」因而據此類推，神通之說，也可信徒。中世科學萌芽之際，道士信儒家所不敢信，言儒家所不欲言，故曰道教雜糅古來巫術與初期科學。

葛洪在對俗篇中混淆科學觀察與幻戲遊戲，最明顯的一段文字就是：

余數見人以方諸求水於夕月，陽燧引火於朝日；隱形以淪於無象，易貌以成於異物；結巾投地而兔走，鍼綴丹帶而蛇行；瓜果結實於須臾，龍魚讒瀞於盤盂，皆如方說焉。按後漢書欒大初見武帝，試令鬬棋，棋自相觸；而後漢書又載魏尚能坐在立亡，張楷能興雲起霧，皆良史所記，信而有徵，而此術事，皆在神仙之部，其非妄作可知矣。

其中與初期經驗科學有關的是：方諸、陽燧及鬬棋等。陽燧爲回光窪鏡，用以聚光取火。方諸則爲方形水精或雲母，用以取露水。㊂鬬棋則屬於磁性原理，古人發現磁石，製爲棋具，使其自相吸引。與當時方士載於「淮南萬畢術」中，常用以表演的兩魚相鬬於水中，都是中國冶煉史上發現並利用磁鐵的史料。由於當時人不能深悉其中的物理或化學原理，故將特殊的現象視爲奇術，並作爲推理驗證的材料。

幻術的運用，則參合古來巫術與西來的幻術。漢書卷二十五所載：齊人少翁，以方術夜致王夫人，及鬼息之術，就是巫術的關亡、招魂法、（搜神記卷十一也載其事）中國戲法的表演，結合外來所獻的幻術，當作一種餘興節目，像後漢書西南夷傳所載：安帝永寧元年（西元一二〇），撣國王遣使獻樂及幻人，能變化吐火，自支解，易牛馬頭，自言：「我是海西（大秦）人。」類似的幻術，反映於文學之中，張衡西京賦所描述的「奇幻儵忽，易貌分形，吞刀吐火，雲霧杳冥。」也就是葛洪所述的諸道術的前四種幻術。它是宮廷及帝都的百戲雜陳，由於極具遊戲的趣味性，故當時人常特別記載：像「西京雜記」所記：有東海人黃公，少時爲幻，能以絳繒束髮，立興雲霧。東海黃公是傳說中能表演幻術者，可立興雲霧，可禁虎（見搜神記卷二，鞠道龍善幻術），類似的禁術、幻術，實爲戲劇雜耍的早期史料。它流行於宮廷之中，廣爲帝王貴族所欣賞，所以列子周穆王篇就收錄一條當時的傳聞，說西極之國，有化人（幻人）來，入水火，貫金石，反山川，移城邑，乘虛不墜，觸實不該，千變萬化，不可窮極；又有一段化人攜王遊化人之宮，及飄渺仙境諸事。類似的幻化情境，自是漢晉之際的新出的幻術，所以爲僞列子所引錄。外來的幻術表演，吸引當時人的注目，像搜神記就記永嘉中，有天竺人能續斷舌吐火，也屬於域外人士的幻術，他們來自黎軒（埃及亞歷山大城）、天竺（印度）等。這些化人所使用的幻術秘笈，在姚振宗所補「三國藝文志」就列有「立亡術一卷」，在當時流傳雖則不廣，但也爲道教中人所吸取，成爲九百餘幻事。

古來巫術、兩漢方術均以神奇的表現，激發人類意識深處對於不可知世界的嚮往。佛教東傳之初，爲適應中國社會，不得不依託於道術，因而具現神通力成爲一種方便法：所以佛經初譯中，就有部分敍及神通之事；而東來的高僧爲傳法布敎，也就示視希有，而有諸奇特的神通力。類似的神奇表現，大多載於早期的僧傳中，因而梁慧皎所撰「高僧傳」，集合多種僧傳而成，其中高僧所現的神異事蹟，遍見於全書：譯經篇的安世高、鳩摩羅什等；義解篇多感通應驗之譚；習禪篇所記異象，表現禪後的奇異，而最具神異色彩的則是卷九、卷十的神異篇，「神異」二字，一般佛籍稱爲神通力、通力、神通；單言曰「通」，凡有五通、六通、十通諸說。大概佛經認爲佛菩薩所示現的通力：諸如神境通、天眼通、天耳通、他心通、宿命通，再加漏盡通，均是三乘之功德。高僧傳所載的神異事蹟，後爲晋書藝術傳所收，凡有幸靈、佛圖澄等七人；與道教中人鮑靚、吳猛等並列。當時之人，將道、佛二教的神奇表現同一看待，代表一時的風尚；但毫無疑問的，佛教的本意並不以示現希有爲目的，只作爲方便法而已；而道教本就善於含融他術，自受啓示，且將神通當作遊戲自在的仙眞能事。㊂葛洪就在對俗篇強調神仙的樂事，就是：「得道之士呼吸之術既備，服食之要又該，掩耳而聞千里，閉目而見將來，或委華駟而轡蛟龍，或棄神州而宅蓬瀛，或遲廻於流俗，逍遙於人間，不便絕迹以造玄虛。」前二項正是天耳通、天限通，爲修行者所能獲致的神通。

葛洪對於道術的態度，應與當時儒家立場的論難有關，因爲「道術」是儒、道論辯的焦點之一，儒家所重的是現實世界的政治、倫理諸學，周孔的貢獻也正是在禮樂等文化、制度之上，而且強調怪力亂神的不足語。辨問篇中以頗長的篇幅闡說周（公）、孔（子）之所能，及其所不能，他推尊二聖是「高才大學之深遠者」，但一些技術也並非他所盡能：其中所學的三大類；一爲雜技類：跳丸弄劍、踰鋒投狹、履絙登幢、擿盤緣案、跟挂萬仞之峻峭、游泳呂梁之不測，手扛千鈞，足躡驚飈，暴虎檻豹，攬飛捷矢，其中頗多見於張衡西京賦；如「跳丸劍之揮霍」、「胸突銛鋒」、「衝狹燕濯」、「走索上而相逢」、「振僮程材，上下翩翻，突倒投而跟絓，譬隕絕而復聯。」之類的雜技，以及莊子所用以譬喻的一些技進乎道的技術，這些都是葛洪所熟讀的載籍。第二類則爲地中寶藏，豐林鳥獸等自然科學的知識，大多爲方士的博物之學。

葛洪所列舉的第三大類卽爲仙法，乃爲了反駁俗儒所說，「聖人所不能，則餘人皆不能」的神仙奇技，也是一段有關神仙方術的資料：

「宕人水居，梁母火化，子伯耐至熱，仲都堪酷寒；左慈兵解而不死，甘始休糧以經歲；范軼見斫而不入鼈，令流尸而更生，少千執百鬼，長房縮地脈，仲甫假形於晨鳧，張楷吹噓起雲霧。」

這些說法也見錄於當時的筆記雜傳中：水居就是博物志所記：南海外有鮫人，水居如魚，不廢織績。耐至熱的是應伯子，雜應篇有幼伯子、王仲都耐至熱，就是「列仙傳」所載：幼伯子盛暑著襦袴之事。耐酷寒，則桓譚新論載：道士王仲都能忍寒暑，元帝乃以隆多盛寒日令袒，載駟馬於昆明池上，環冰而馳。御者厚衣狐裘寒戰，而仲都獨無變色，臥於池臺上，曛然自若。其餘有些事後漢書也有記載：像費長房有神術，張霸好道術，能作五里霧。葛洪「神仙傳」及「抱朴子」其他篇也喜載異事：左慈兵解、甘始不飲食，費長房縮地脈、李仲甫能隱形，都見於神仙傳中；而釋滯篇也載有類似的神異事蹟。

釋滯篇的寫作也與對俗同一動機，爲釋俗人之滯，而一再闡述五經不載、周孔不言的各種道術；第一類都是有關於天文，取自史記天官書；第二類則是神話傳說中的變化無窮之事，大多取自山海經的海外諸經；如海外北經的無聲之國等，也有些也同時見載於「博物志」，如乘雲之國。大概山海經等所載，都是上古的荒服之國的事蹟；而較近的則收錄於後漢書南蠻傳：如廩君起石而汎土船；後漢書哀牢夷傳：沙壹觸木而生羣龍；或者楊雄蜀王本紀所載的杜宇傳說，凡此均爲東漢以來有關邊區民族的神話。第三類則爲博物之學，「博物志」所載的常山之蛇、火浣之布等，爲動物、礦物學的紀錄。第四類可與辨問篇的仙法相互參證：

「少千之劾伯率、聖卿之役肅霜、西羌以虎景興、鮮卑以乘鼈強、林邑以神錄王、庸蜀以流尸帝、監神嬰來而蟲飛、縱目世變於荆岫、五丁引蛇以傾峻、肉甚振翅於三海；金簡玉字，發於禹井之側；正機平衡，割乎文石之中，凡此奇事，數以千記，五經所不載，周禮所不說。」

「至於南人能入柱以出耳，禦寇停肘水而控弦、伯昏躡億仞而企踵、呂梁能行歌以憑淵、宋公克象葉以亂真、公輸飛木鵲之翩翾、離朱覘毫芒於百步，賁獲效膂力於萬鈞，越人揣鍼以蘇死、豎亥起迹於累千、郢人奮斧於鼻堊、仲都袒身於寒天，此皆周孔所不能為也。」

這兩段文字旁徵博引，證明儒家的聖人也有不能之事，一方面可否定聖人萬能之說，一方面則肯定道家之士也自有其特長：其中多有引自莊子論道的寓言之例：呂梁憑淵；或列子所記停肘水而控弦。至於邊區民族的神話傳說，有多種與辨問篇同：杜宇、廛君等；又後漢書西羌傳載虎景事、東夷傳載乘鼈事；至於林邑神錄，則見於晉書林邑國傳，都是葛洪所讀的史書資料。最值得注意的奇術，則多與神仙方術有關：魯少千執百鬼，搜神記也有記載；麴聖卿善劾鬼，見於後漢書方術傳；而仲都耐至寒事，正機平衡事，都與辨問篇所記為同一事蹟。凡此類奇術，大多屬於道教的法術、幻術，是方術、道術的本色，而為周、孔及儒家之徒所不能為。類似的辯論與例證，一再重覆引述於不同篇卷之中，就是證明葛洪的重要論點：法術、神通正是道教中人的專長。

漢晉之際流傳的奇術秘笈，葛洪遐覽篇所錄的凡有多種：道經類中有左右契、九奇經、見鬼記、幻化經、詢化經；以及各類登名山渡江海敕地神法三卷、趙太白囊中要五卷、入溫氣疫病大禁七卷、收治百鬼召五岳丞太山主者記三卷、興利宮宅官舍法五卷、斷虎狼禁山林記、召百里蟲蛇記、萬畢高丘先生法三卷等，分量最爲可觀，都屬於方術圖籍或幻術書。至於當時言變化之術，則遐覽篇錄存墨子五行記、玉女隱微及白虎七變法等，葛洪說：「其變化之術，大者唯有墨子五行記，本有五卷，昔劉君安未仙去時，鈔取其要，以爲一卷，其法用藥用符，乃能令人飛行上下，隱淪無方，含笑卽爲婦人，蹙面卽爲老翁，踞地卽爲小兒；執杖卽成林木，種物卽生瓜果可食；畫地爲河，撮壤成山，坐致行厨，興雲起火，無所不作也。其次有玉女隱微一卷，亦化形爲飛禽走獸、金木玉石、興雲致雨方百里、雪亦如之，渡大水不用舟梁，分形爲千人，因風高飛，出入無閒，能吐氣七色，坐見八極，及地下之物，放光萬丈，冥室自明，亦大術也。然當步諸星數十，曲折難識，少能譜之。其淮南鴻寶萬畢，皆無及此書者也。又有白虎七變法，及三月三日所殺白虎頭皮，生駞血虎血，紫綬，履組，流萍，以三月三日合種之，初生草似胡麻，有實，卽取此實種之，一生輒一異，凡七種之，則用其實合之，亦可以移形易貌，飛沈在意，與墨子及玉女隱微略同，過此不足論也。」淮南萬畢術僅存殘輯之文，所載多擬科學及巫術等，墨子五行記當卽方士集團所爲託名墨子者，與玉女隱微，當爲漢代方士所雜輯的巫術書籍。

神仙傳有墨子傳，嘗述及五行記的傳授，墨子入周狄山精思道法，想像神仙，乃得見神人：

「神以授以素書、朱英丸方、道靈教戒、五行變化凡二十五篇，告墨子曰：子有仙骨又聰明，得此便成，不復須師。墨子拜受合作，遂得其驗，乃撰集其要以為五行記，乃得地仙。」（卷八）

此自爲神仙虛談，然墨子的神化，可證墨子末學頗有流爲民間學派的可能，所謂墨俠者流，與方士有關。至於有關墨子五行記的傳授，神仙傳中有劉政及封衡等。卷八卽載有劉政者：「沛人也。……復治墨子五行記，兼服朱英，凡年百八十餘歲，色如童子。能變化隱形，以一人分作百人，百人作千人，千人作萬人。又能隱三軍之衆，使成一叢林木；亦能使成鳥獸。試取他人器物，易置其處，人不知覺。又能種五果，立使華實可食；坐致行厨，飯膳俱數百人。又能吹氣爲風，飛砂揚石，以手指屋宇山陵壺器，便欲頽壞，微指之，卽還如故。又能化生美女之形及作水火。

又能一日之中行數千里，能噓水興雲、奮手起霧，聚土成山，刺地成淵，能忽老忽少，乍大乍小，入水不沾，步行水上，召江海中魚鼈蛟龍黿鼉，卽皆登岸。又口吐五色之氣，方廣十里，直上連天；又能躍上下，去地數百丈後，去不知所在。」封衡傳則言書笈有「墨子隱形法一篇。」（卷十）仙傳所載的傳授過程，非必實有其事，然漢世固有其書，且方士集團頗有秘傳，則不可遽加否認。

大概說來，有關法術的傳授是道教中最爲神秘之事，這些秘笈代代相傳，又逐漸被不同派別的方術、道術之士變化使用。葛洪將這些駁雜的術數吸取，巧妙地納入養生體系中。在他的金丹大道的立場，金丹是上藥，而一般小術也可增益養生者的信念，故至理篇說：

「召魂小丹、三使之丸、及五英八石小小之藥，或立消堅冰，或入水自浮；能斷絕鬼神，禳却虎豹；破積聚於腑臟，通二豎於膏肓；起猝死於委尸，返驚魂於旣逝。夫此皆凡藥，猶能令已死者復生，則彼上藥也，何爲不能令生者不死乎？」

凡此神通小術，實具遊戲人間的態度：想像超越一般法則，操縱宇宙必然定律，這就是「役用萬物」的科學精神。故說巫術爲擬科學而非科學，乃在其不甚合乎今人科學推理的方式；而初期科學、巫術本卽不易明分。道教的法術變化，以幻術爲基礎，玩弄幻術之術，創造神奇之樂，實爲神話的末裔。而神仙道教旣爲「教團道教」或「成立道教」，可說逐漸發展成具有宗教組織的形式，而猶未放棄其巫術性（或法術性）。其實宗教卽是信仰，法術近於巫術：巫術訴諸超自然手段，科學則爲實證技術，是有所不同。魏晉南北朝的道教實處於演進的階段：其宗教目的，固在求解脫現世之苦，希求長生得仙；而其手段，頗崇信法術，也漸奠立其神學理論。法術炫奇，爲當時起信的方便。故道教爲固有民族宗教信仰的繼承，外來佛教則刺激當時的道派逐漸形成其自有的風格，法術變化就是其中的顯證。這部分就將法術變化、神通變化，分類加以介紹。

## (二)隱形幻術傳說

### (1)隱淪變化傳說

變化隱淪之道，爲神仙變化的上法，其範圍包含至廣，而方法也雜而多方：抱朴子雜應篇載：「或問隱淪之道？抱朴子曰：神道有五，坐在立亡其數焉……鄭君云：服大隱符十日，欲隱則左轉，欲見則右回也。或以玉粘丸塗人身中；或以蛇足散，或懷離母之草，或折青龍之草，以伏六丁之下；或入竹田之中，而執天樞之壤；或造河龍之室，而隱雲蓋之陰；或伏淸泠之淵，以過幽闕之徑；或乘天一馬以遊紫房，或登天一之明堂；或入玉女之金匱；或背輔向官，立三蓋之下；或投而解履……(孫校：中有脫文)、膽煎及兒衣符，子居蒙人，青液桂梗，六甲父母，僻側之膠，駮馬泥丸，木鬼之子，金商之艾。或可爲小兒，或可爲老翁，或可爲鳥，或可爲獸；或可爲草，或可爲木，或可爲畜；或依木成木，或依石成石，依水成水，依火成火，此所謂移形易貌，不能都隱者也。」此一理論可爲魏晉時期隱淪說的代表。

神仙傳說黃初平能「坐在立亡」。李仲甫「服水丹有效，能步訣隱形……初隱百日，一年復見形，後遂長隱，但聞其聲，與人對語，飲食如常，但不可見。」又有東陵聖母，「師劉綱學道，能易形變化，隱見無方。」

搜神記說介琰能變化無形：

「介琰者，不知何許人也。住建安方山。從其師白羊公、杜（契）受玄一無為之道，能變化隱形。嘗往來東海，暫過秣陵，與吳主相聞。吳主留琰，乃為琰架宮廟。一日之中，數遣人往問起居。琰或為童子，或為老翁，無所食啗，不受餉遺。吳主欲學其術，琰以吳主多內御，積月不教。吳主怒，勅縛琰，著甲士引弩射之。弩發，而繩縛猶存，不知琰之所之。」（卷一）

孫吳時期的介琰，爲東晉時期諸道派所熟知，楊、許等人也紀錄其事，後來錄於陶弘景「眞誥」中，六朝末「洞仙傳」就載介琰傳，說是「受玄白之道」，爲隱形的法術。洞仙傳張玄賓，「始師西河薊公，受服朮，行洞房白元之事；後遇樊子明於少室山，授以遁變隱景之道。」則玄白之道乃專爲隱形者；遁變也如遁甲之術。洞仙傳又有步斗之道，上黃先生修之「得隱形法」。任敦也「修步斗之道，及洞玄五符，能役鬼召神，隱身分形。」至於鄭隱所述諸雜術，多據巫術原理：抱朴子說自然解脫之道，就有「七月七日東行跳脫蟲」之法。

## (2)隱形變化傳說

神仙變化又有變化形體，或禽或獸，任意隨心。洞仙傳說：「夫左元放爲羊，令威爲鶴；斯並一時變化之跡耳，非永爲羊鶴也。」（丁令威條）這種立變而成，乃屬權變，與古代變形神話不同：精衞化鳥，鯀化黃能爲素樸的神話變化；神仙變化形體，則遊戲性多，較少莊嚴性。葛洪在神仙傳列述其變化之迹甚多：

「（李）仲甫有相識人，居相去五百餘里，常以張羅自業，一旦，張羅得一鳥，視之乃仲甫也，語畢別去。」（卷三）

「欒巴者，蜀郡成都人……太守詣巴請屈為功曹，待以師友之禮，巴陵太守曰：聞功曹有道，寧可試，見一奇乎？巴曰唯。卽平坐却入壁中去，冉冉如雲氣之狀，須臾失巴所在，壁外人見化成一虎，人竝驚，虎徑還功曹舍，人往視虎，虎乃巴成也」。（卷五）

「茅君在帳中與人言語，其出入或發人馬，或化為白鶴。」（卷九）

「……自後有白鶴來止郡城東北樓上，人或挾彈彈之，鶴以爪攫樓板似漆

書云：城郭是，人民非，三百甲子一來歸，吾是蘇（仙公）君彈何為。」（卷九）

李仲甫爲善隱形術者，故能隱形變化。欒巴化虎、左慈化羊，俱能立變。而丁令威化鶴與蘇仙公化鶴，鶴遂成爲仙人的象徵，爲文學作品的神仙意象：

「丁令威本遼東人，學道于靈虛山，後化鶴歸遼，集城門華表柱，時有少年擧弓欲射之，鶴乃飛，徘徊空中而言曰：有鳥有鳥丁令威，去家千年今始歸，城郭如故人民非，何不學仙冢壘壘。遂高上沖天，今遼東諸丁云其先世有升仙者，但不知名字耳。」（搜神後記卷一）

丁令威化鶴，爲神仙變形的典型。此外，則王子喬及其弟子崔文子也是六朝盛傳的故事：

「漢明帝時，尚書郎河東王喬，為鄴令。喬有神術，每月朔，嘗自縣詣臺。帝怪其來數，而不見車騎，密令太史候望之。言其臨至時，輒有雙鳧，從東南飛來。因伏伺，見鳧，擧羅張之，但得一雙舄。使尚書識視，四年中所賜尚書官屬履也。」（搜神一、洞仙傳：王子喬條同，文字小異。）

「崔文子者，泰山人也。學仙於王子喬。子喬化為白蜺，而持藥與文子，文子驚怪，引戈擊蜺，中之，因墮其藥。俯而視之，王子喬之尸也。置之室中，覆以敝筐，須臾，化為大鳥，開而視之，翻然飛去。」（搜神記一）

此種仙道變化思想爲干寶搜神記的重要主題之一。原爲搜神記三十卷有「神化」之篇；據水經注卷二一汝水注，引王喬神通變化事，較今本爲詳，酈道元載：「是以干氏以神化書之。」可見神化主題爲干寶原本的重要篇目，與「感應篇」同爲表現「神祇之靈異」者(晉書本傳語)，今本卷一至卷三等，即原本「神化」篇的部份，可見神通變化的普遍性。除古之仙人擅於神化，一般修眞高隱者流也可變化：

「滎陽縣南百餘里，有蘭巖山，峭拔千丈，常有雙鶴，素羽皦然，日夕偶影翔集。相傳云：昔有夫婦隱此山，數百年，化為雙鶴，不絕往來。忽一旦，一鶴為人所害，其一鶴歲常哀鳴。至今響動巖谷，莫知其年歲也。」（搜神記十四）

「巴東有道士，忘其姓名，事道精進，入屋燒香；忽有風雨至，家人見一

白鷺從屋中飛出，而住，遂失道士所在。」（御覽九百二十五引幽明錄）

變化形體，可爲權變，就是左慈、王喬之類；也可爲化去形體，如化雙鶴、化白鷺之例，兩者均屬神化。

## (3)幻術變化傳說

幻術變化，漢晉之際多與兩種身分的人有關，一卽域外人士，二卽爲道士。干寶所記的天竺胡人在晉永嘉中來渡江南，表演斷舌復續及吐火、火中燒物而如故等幻術，在當時必曾聳動一時，所以搜神記收錄之。又有安開，爲安城的俗巫，也善於幻術，「幽明錄」所載的兩個例子：一是「積薪燃火盛熾，束帶入火中，章紙燒盡，而開形體衣服猶如初。」二是在王凝之的頭上，「簪荷葉以爲帽」，等到座之後，荷葉乃見，而王則不知。可知西來的化人及俗巫，善於幻術、障眼法，常以此爲戲，被當時人詫爲奇術。

葛洪對於幻術變化的崇信，與金丹大道的傳統有關，左慈、葛玄均有幻術的能力，「抱朴子」佚文中有兩則左慈的表演，都是戲弄魏武帝：

「魏武帝以左慈為妖妄，欲殺之，使軍人收之。慈故欲見而不去，欲拷之，而獄中有七慈，形狀如一，不知何者為真。以白武帝，帝使人盡殺之，須臾，六慈盡化為札，而一慈徑出，走赴羊羣。」（舊寫本北堂書鈔一百四札篇，又御覽六百六。）

「魏武收左慈，慈走入市。吏傳言慈一目眇，葛巾單衣。於是一市皆然也。」（御覽七百四十。）

左慈分身爲七、甚至一市皆然，就是分身術。法華經寶塔品說釋迦如來爲化有緣衆生，以方便力，分身十方，廣渡善緣；普門品也有觀音應化說。高僧傳神異篇中，佛圖澄、杯度、卻碩、法匱、僧慧、保誌及耆域等，均有分身多人，示現不可思議之力。

葛玄的變化之術，「神仙傳」、「抱朴子」也有記載：釋滯篇所說葛仙公每大醉及夏天盛熱，輒入深淵之底，一日許乃出，是因能「閉炁胎息」之故；佚文則載乘船而沒，賣主謂其已死，「須臾從水上來，衣履不濕，而有酒色：云昨爲伍子胥召，設酒不能便歸，以淹留也。」（御覽八四五）類此閉氣術，也見於登涉篇，葛洪記其師「鄭君言：但習閉氣至千息，久久則能居水一日許。得其通天犀角三寸以上，刻水魚，而銜之以入水，水常爲人開，方三尺，可得炁息水中。」都可知道葛氏相傳道法中有步行水或久居水中的法術。

葛玄的奇術生前就已廣爲流傳，所以吳人稱爲「葛仙公」，干寶所搜集在「搜神記」中的，可作爲葛仙公傳說的集大成，代表江南地區流傳的葛仙公形象：

葛玄，字孝先，從左元放受九丹液仙經。與客對食，言及變化之事，客曰：「事畢，先生作一事特戲者。」玄曰：「君得無卽欲有所見乎？」乃嗽口中飯，盡變大蜂數百，皆集客身，亦不螫人。久之，玄乃張口，蜂皆飛入，玄嚼食之，是故飯也。又指蝦蟆及諸行蟲燕雀之屬，使舞，應節如人。冬爲客設生瓜棗，夏致冰雪。又以數十錢使人散投井中，玄以一器於井上呼之，錢一一飛從井出。爲客設酒，無人傳杯，杯自至前；如或不盡，杯不去也。嘗與吳主坐樓上，見作請雨土人，帝曰：「百姓思雨，寧可得乎？」玄曰：「雨易得耳！」乃書符著社中，傾刻間，天地晦冥，大雨流淹。帝曰：「水中有魚乎？」玄復

書符擲水中，須臾，有大魚數百頭，使人治之。（卷一）

吐飯成蜂、種瓜立生等，爲一種幻術。干寶又記吳時徐光常行幻術：「從人乞瓜，其主勿與，便從索瓣，杖地種之。俄而瓜生，蔓延、生花、成實。乃取食之，因賜觀者。鬻者反視所出賣，皆亡耗矣。」類似的幻術表演，後來成爲道士法術神通力的典型，常爲小說家所取材，造成一種極其怪誕與娛樂的趣味效果。

## ㈢行厨變化傳說

葛洪論述墨子五行記中的變化之術，其中就有「坐致行厨」一項，而在遐覽篇所錄的道書也有「日月厨食經」、「行厨經」各一卷，大概就是收錄有關坐致行厨的法術，這種變化法術的修成，在葛氏道的道法中仍不外金丹等丹藥的服食，及守一存星等兩種方法。

依照金丹大道的立場，服用金丹可致行厨的，金丹篇錄有兩種丹法：一爲九光丹法：「欲致行厨，取黑丹和水，以塗左手，其所求如口所道皆自至，可致天下萬物也。」又有美門子丹法，「服之三年，仙道乃成，必有玉女二人來侍之，可役使致行厨。」黄白篇錄有務成子法，「以兎血塗一丸，置六陰之地，行厨玉女立至，可俟六七十人也。」至於仙藥篇則有雄黄，先以硝石化爲水，以玄胴腸裹蒸之，或以和脂和之，然後煉之可服，除了除病養顏；服「千日則玉女來侍，可得役使，以致行厨。」又有眞珠，淳漆不沾者，服一年，「六甲，行厨至也。」根據葛洪引述神農四經的話：「上藥令人身安命延，昇爲天神，遨遊上下，使役萬靈，體生毛羽，行厨立至。」上舉的丹藥都屬上藥，具有立致行厨的神通力。

在抱朴子的敍述中，坐致行厨常與玉女、六甲等侍從一齊出現。在三品仙說中，女仙有玉女、神女、玄女等，金丹篇玄女是太乙元君、老君同來鑒省的仙女；而玉女則大多陪侍地位，如趙瞿有二女爲侍，類此侍女形象的仙女，自是當時社會以女子爲侍候者的同一構想；神女也是同一性質的侍女，所以金丹篇說采女丹法，服至百日，「有神女二人來侍之，可役使」，名爲采女丹法，就與服成的神通有關；又有玉柱丹法，「服之百日，玉女、六甲、六丁、神女來侍之，可役使，知天下之事也。」小餌丹法，服之三十日，「神人玉女侍之。」可知玉女、神女俱爲仙界侍女，供役使者，仙藥篇特別說：「玉女常以黃玉爲誌，大如黍米，在鼻上，是眞玉女也；無此誌者，鬼試人耳。」以玉爲誌，當與女性服飾、裝扮的習俗有關；而玉女之名，就是強調仙女的顏色，溫美如玉，爲人間侍女的神仙化，既爲神仙的侍從者，自可作天厨之事。

服食金丹可致行厨，守一存星也可致行厨。地眞篇有一段文字需要特加闡說的，就是引述仙經：「子欲長生，守一當明，思一至饑，一與之糧；思一至渴，一與之漿。」這種「一」是有姓字服色，在三丹田中，男長九分，女長六分，可知是身中的玉女，能在存思狀態中，與人糧、漿，則與「行厨」說相近。葛洪在雜應篇說「四五之月，食鎭星黃氣，使入脾。」又說：「思脾中神名，名黃裳子，但合口食內氣，此皆有眞效。」這是內景神、中央鎭神、脾臟之神，靈笈七籤卷十九引「老子中經」可以相互參證：「經曰：常思念胃中，正自如凝脂，中有黃氣，堪滿太倉上，至口中，咽之即飽。師曰：胃者太倉也。諸神皆就太倉中飲食，中黃金釜金甑，玉女小童主給使之，故呼曰：黃裳子致行厨矣。」在守一法中，存外在的景（星）與內在的景（臟或丹田），常有相互配合的構想，黃裳子致行厨，就是食氣，也由玉女、小童給使。所以能與糧、漿的「一」，也有這種意義：玉女致行厨。

食氣的服食法，與行厨說有關，從「日月厨食經」的道書名可約略推知，在初唐編「三洞珠囊」載有「五方五牙之方，此卽五厨」，引用「老子五厨經云：修奉太和，不虧不盈，嘗之無味，嗅之無馨，子得之，命合眞君，一受不退，長樂自然是也。」有關五厨經，爲六朝佛、道經典相互影響的佳例之一，敦煌寫卷（S 2673、S 2680、P 2637、P 2703、P 3032）就有「佛說三厨經」，因帶有濃厚的道教色彩，被列於疑經中。㊃其中特別値得注意的幾點：一是五方偈：東方木偈、南方火偈、中央土偈、西方金偈、北方水偈，乃是與兩漢通行的五行、五方位相關的觀念，非印度佛經所得有。二是食氣說：偈語中，如「一氣和太和，得一道皆太」句（木偈），「諸食氣結氣，非諸久實結」句（土偈），正是老子五厨經的同一說法，屬於道敎的食氣說。三是修養法：有「平旦向辰地，鳴天鼓二十度（一作二七下），食玉漿；左青龍右白虎，前朱雀後玄武，四戌四巳復閉塞，四壬四癸不須用食，六甲六丁太倉相盈，五庚五辛五藏眞。仙人玉女事我神，天官行厨供養（我）身，延年益壽數萬春。」所謂天鼓、玉漿的修練法，六甲、玉女的侍行厨，正是致行厨說。上引高野山金剛三昧院本與S 2680對照：在延年句上少「使我顏色常兌悅」一句，春作「年」；此外，又有「觀音受我法，仙人賜我糧，事隨五方色，青黑赤白黃，利合得☒餌，諸塵以自防。」近於道敎五厨說。有關道敎五厨說，雲笈七籤卷六十一引「五厨氣法經並敍」爲唐開元肅明觀道士尹愔所寫的「老子五厨經」，尹愔時年三十四，雖是開元所寫，但五厨經應屬六朝古道經。

佛說三厨，指第一慈悲覺觀自然厨、第二辟支四果聲聞無思厨、第三非無天佛不思厨等三亭厨。而誦念時又依五方而有不同的遍數；東方九十遍、北方五十遍；誦之百日，「每夢見得世間上味，悉飽之，亦聞天香；滿三百日，功力圓修，欲食卽食，不食不饑。」——本作「得天上飲食，鼻所恒聞天食香氣。」類此存思誦念，乃是齋戒誦念、不饑不飲時的幻覺經驗。道教五厨，則明顯地以五方食氣爲主，爲兩漢素樸的五行說的運用。在宗教經驗上，守一存星，正是修道者長期絕食辟穀之後，所形成的恍惚狀態中的幻覺體驗。辟穀爲飲食文化的反對觀念，葛洪強調「五穀猶能活人」、「五穀尚能滋神養氣」；但也說明行氣者，不欲多食，要節量飲食；陶弘景更說明「百病横生，多由飲食，飲食之患，過於聲色—聲色可絕之喻年，飲食不可廢之一日。」（養性延命錄）爲極端的反飲食論。近代醫學證明，人在絕食之後，容易產生恍惚狀態，佛說三厨經說「夢見」，其實就是恍惚之中的幻視、幻嗅等狀態，玉女致行厨，可說是道教化、神仙化以後，化裝出現的飲食男女之大慾。⑪

有關玉女致行厨說，自需要有更富於科學的醫學學理依據的解說，才能深刻瞭解修道者在節食、絕食之後，所形成的生理、心理的不同反應，尤其是偈、誦形成的暗示，處於饑渴狀態下，能化身爲玉女，供使行厨，是一種極爲奇特的宗教體驗。葛洪在「抱朴子」中多作精簡的敍述，但在仙傳中就有生動的描述，「神仙傳」卷五有左慈精通六甲、役使鬼神，以致食物；卷八劉政，即能坐致行厨，飯膳俱數百人，仍屬簡單的敍述法；卷二的王遠傳最是具象而美好，先是王遠降見蔡經，然後邀請麻姑降見，爲一段精采的早期降神情節的描寫：

「坐定，各進行厨。皆金盤玉杯，無限美膳，多是諸華，而香氣達於內外，擗脯而食之，云是麟脯。」

接下有麻姑以丹砂化米祛新(生)產之穢，再寫王遠變出美飲的一段：

「遠謂家人曰：吾欲賜汝輩美酒。此酒乃出天厨，其味醇醲，非俗人所宜飲，飲之或能爛腸。今以水和之，汝輩勿怪也。乃以斗水合升酒攪之，以賜經家人。人飲一升許，皆醉。良久，酒盡，遠遣左右曰：不足，復還取也，以千錢與餘杭姥，乞酤酒。須臾，信還，得一油囊五斗許，信云：餘杭姥言：恐地上酒不中尊飲耳。」

這是目前所見神仙史料中，最早的一段致行厨的情節，具體生動地描述神仙能自由役使侍從立致行厨，其本質近於幻術表演。

當時上清經派也盛行致行厨的神通傳說：「馬明生別傳」有安期生仙人見神女，設厨膳；並與之共食仙棗一枚。「杜蘭香別傳」有杜蘭香降見，爲張碩設饌。陶弘景「眞誥」卷十七錄許謐所書的楊羲夢事，楊君夢遊蓬萊山，蓬萊仙公洛廣休與太素玉女蕭子夫即邀其敷席共坐山上，俱北向望海水及白龍（官龍，可乘御），「并有設酒食，酒中如石榴子，合食之柈亦如世間柈——柈中鮭也。」（第八紙）上清經派本以冥思的修行爲主要方法，楊羲所夢的正是仙界景象，這是四月九日夢覺所憶的遊仙情境。而古上清經中最有特色的行厨，則爲「漢武內傳」——這部王靈期一類人所造構的仙傳，是否襲用茅君內傳，爲一複雜問題，姑且不論；㈥但西王母爲漢武帝設膳的構想，確是與麻姑爲蔡經設厨有相似的地方——精緻而華美的神仙盛宴，西王母率天仙下降，侍女扶上殿後，呼漢武共坐，其下就展開設厨的情節：

「母自設膳，膳精非常，豐珍之肴，芳華百果，紫芝萎蕤，紛花塡穕，清香之酒，非地上所有，甘氣殊絕，帝不能名也。」

下接食仙桃事，取自張華「博物志」。西王母又爲漢武邀上元夫人，降見拜王母而坐，「夫人設厨，厨之精珍與王母所設者相似。」撰者的行厨構想，一定是取自當時的道教仙傳：玉女、行厨爲神仙傳說中極爲生動的仙術。

不管是葛洪所述的麻姑、王遠傳說，抑漢武內傳中的西王母、上元夫人的傳說，都有一共通點：就是地上人間與天上神仙的飲食有所不同；蔡經家人在七月七日多作飲食、達百餘斛，羅列布置庭下，應是七月七日的禱祭習俗的仙道化，而仙眞一到仍各進行厨。西王母也是在漢武帝七月七日降見，「脩除宮掖之內，設座殿上，以紫羅薦地，燔百和之香，張雲錦之帳，然九光之燈，設玉門之棗，蒲桃之酒，躬監看物爲天官之饌。」帝王所設的盛宴，可代表帝室的七月七日的節日儀式，而西王母也是一降就「自設膳」，這是神仙不食人間煙火的表現，也反映出當時的歲時節日的習俗。

其次行厨的出現，就仙眞的神通能力言，是描述其變化自在的不可思議之力，爲幻術般的表演；而修道者則是幻象的形成，長期的齋戒誦念，在饑渴的生理狀態下，產生化裝後的本能慾望，如玉美女送致豐美的飲膳。所以不管佛說三厨經或老子五厨經，其所設厨的名目有別，或者前後具有相互剿襲之處，但類似的設膳賜食，應具有同一宗教的體驗，就是齋戒存思中的反應。葛洪之前就有行厨等一類道書出世流傳，因而葛氏道派也流傳其神通說，靈寶五符序卷中靈寶三天方，就說服六歲後，「行厨在邊，位爲仙人。」上清經派也有各種立致行厨說，可見六朝的神通變化說中，自是少行厨一項不得。

佛說三厨經雖是疑經，與六朝末期唐朝初期的佛經造作有關，大概印度外道諸派的呪術予密部有所影響，此類密部呪經譯出，又受道教行厨經的影響，因而撰成。而老子五厨經則是老子學說在仙道養生派中，被詮釋爲食氣修養的經典。其所以寫成五言的形式，本身就具有詩歌文學的誦讀效果，不管是三厨經的「偈語」形式，抑是五厨經的誦經形式，都可便於存思時的誦念，所以三厨經收於佛藏「集諸經禮懺儀」卷上；而五厨經收於雲笈七籤卷六十一的「諸家氣法」，「伏讀此經五章，盡修身衞生之要，全和含一，精義可以入神。」至今福州系誦經的午供科儀，誦請天厨妙供天尊，所誦的仍是「一氣和泰和」的句式，祈請天尊賜予下界以天厨

美膳，養氣致和，爲極有意義的事。㈦

## ㈣醫藥諸雜術

葛洪在「抱朴子」中所有的方術，大多易被歸爲行之不易的術數，其實，其中仍有一些是極爲實際的醫術。關於醫藥圖籍的搜集與撰述，在雜應篇中有所說明：

> 養生之盡理者，旣將服神藥，又行氣不懈，朝夕導引，以宣動榮衛，使無輟閡，加之以房中之術，節量飲食，不犯風濕，不患所不能，如此可以不病。但患居人閒者，志不得專，所修無恒，又苦懈怠不勤，故不得不有疹疾耳。

疹疾之生常會損害年命，所以「古之初爲道者，莫不兼修醫術，以救近禍焉。」他是道術與醫術並重，因而熟讀醫書，凡金匱、綠囊、崔中書、黃素方、百家雜方五百餘卷，以及各家所撰「暴卒備急方」數百卷；又對於針灸方面的「明堂流注偃側圖」加以批判——隋志醫方類著錄有「黃帝明堂偃人圖」十二卷、「扁鵲偃側鍼灸圖」三卷，均不著撰人。經選集之後，成爲「玉函方」百卷；又深感百卷之數，仍卷數過多，內容繁雜，經采其要約，成爲「肘後救卒」三卷，都是「單行徑易，約而易驗」的救急藥方，很便於使用。

類似的養生原則，完全遵照預防醫學的思想原則，就日常生活上的需要，多屬簡單易行，行之有效的養生之道，其中有三、四種，是很普遍的保健常識，如堅齒之道：

「能養以華池，浸以醴液，清晨建齒三百過者，永不搖動。其次則含地黃煎，或含玄膽湯。及蛇脂丸、礬石丸、九棘散。則已動者更牢，有蟲者卽愈。又服靈飛散者，則可令旣脫者更生也。」

建齒之道，在上淸經派如「眞誥」中常提及，稱爲叩齒、叩天齒、溯天津等。顏之推曾有養生篇，說「吾曾患齒，搖動欲落，飮食熱冷，皆苦疼痛，見抱朴子牢齒之法：早朝建齒，三百下爲艮。行之數日，卽便卒愈。今恒持之，此輩小術，無損於事，亦可修也。」這是家訓文字，顏氏借此敎誡子弟作爲保健之用。叩齒爲物理式的治療，其他聰耳、明目，仍是小術，但至今沿用：

或問聰耳之道。抱朴子曰：「能龍導虎引，熊經龜咽，鷰飛蛇屈鳥伸，天俛地仰，令赤黃之景，不去洞房，猿據兔驚，千二百至，則聰不損也。其旣聾者，以玄龜薰之，或以棘頭、羊糞、桂毛、雀桂成裹塞之；或以狼毒冶葛，或以附子葱涕，合內耳中，或以蒸鯉魚腦灌之，皆愈也。」

或問明目之道。抱朴子曰：「能引三焦之昇景，召大火於南離，洗之以明石，慰之以陽光，及燒丙丁洞視符，以酒和洗之，古人曾以夜書也。或以苦酒煮蕪菁子令熟，曝乾，末服方寸匕，日三，盡一斗，能夜視有所見矣。或以犬膽煎青羊、班鳩、石決明、充蔚百華散，或以鷄舌香、黃蓮、乳汁煎注之。諸有百疾之在目者皆愈，而更加精明倍常也。」

以導引法達到耳聰目明的運動效果；再配合藥物，就是中國傳統的身體文化。其中有些藥物的用法，仍需要加以證驗，但可信葛洪當時是實踐而得的。

葛洪在登涉篇也載有數種簡易可行的小術，但卻是在古代昆蟲研究上具有出色的貢獻；就是江南水蟲射工的形態特徵、危害症狀：

今吳楚之野，暑濕鬱蒸，雖衡霍正岳，猶多毒螫也。又有短狐，一名蜮，一名射工，一名射影，其實水蟲也，狀如鳴蜩，狀似三合盃，有翼能飛，無目而利耳，口中有橫物角弩，如聞人聲，緣口中物如角弩，以氣為矢，則因水而射人，中人身者卽發瘡，中影者亦病，而不卽發瘡，不曉治之者煞人。其病似大傷寒，不十日皆死。

張華「博物志」所載的形狀：「江南山谿中小射工蟲，甲類也，長一二寸，口中有弩，形氣射人影，隨所著處發瘡。」相較之下，葛洪除登涉篇有記載，在肘後備急方也有治方——「治卒中射工小弩毒方第六十五」，敘述詳盡。據近人研究，古之射工，就是半翅目昆蟲中田鱉。⑧在資料上，這些昆蟲的觀察，極爲細膩。又有沙虱：

又有沙蝨，水陸皆有，其新雨後及晨暮前，跋涉必著人，唯烈日草燥時，差稀耳。其大如毛髮之端，初著人，便入其皮裏，其所在如芒刺之狀，小犯大痛，可以針挑取之，正赤如丹，著爪上行動也。若不挑之，蟲鑽至骨，便周行走入身，其與射工相似，皆煞人。

肘後方也有「治卒中沙虱毒方」，近人研究沙虱致恙蟲病，爲恙蟲幼蟲傳病，其體長僅在0.3—0.67毫米之間，與葛洪所觀察的吻合。

對於這些昆蟲的治療，葛洪依據以毒攻毒的原則，並配合實踐所得，靈活運用：像掘取射工，陰乾研末，以辟射工。又用火炙法燎身，沙蝨就墜地。此外，他研製各種丸藥，其中麝香爲主要原料；或雄黃、大蒜等擣合，大概都是以這些東西的強烈氣味，辟除沙蝨、短狐（射工）近於經驗科學。他深信巫術以物治物的方法，還有治蛇之例：「雲日鳥（鴆鳥）及蠳龜皆啖蛇，所以蠳龜之尾、雲日之喙可以辟蛇；麝及野猪皆啖蛇，所以麝香丸及猪耳中垢也可厭之。此外，又載南人的方法，帶活蜈蚣治蛇，或以蜈蚣研末以治蛇瘡。凡此均爲古人混合巫術與實證，成爲救急的療法，廣泛應用於民間，至今猶然。

至於雜術中：還有不畏風濕、風寒之術：雜應篇載有服太陽酒、紫石英朱漆散及雄丸、雄丸法，屬於藥物法；「閉口行五火之炁千二百遍」，則爲氣功；「立多之日，服六丙六丁之符」，爲符法，均可不寒。登涉篇有服三陽液等法，也可不寒。但藥方的配方，均未明載。至於不熱之道，也可服玄冰之丸、飛霜之散，丸散的配方也未載明；又說服六壬六癸之符、或行六癸之炁，也是粗舉其要，所以後人不知其修練的過程。

## 附註

㈠ 李約瑟，「中國之科學與文明」㈠。

㈡ 參黃擘唐，「陽燧取火與方諸取水」，刊於「中研院史語所集刊」五－二（民國二十四年），佐中壯，「方諸と陽燧」，刊於「藝林」七－二（一九五六），「方諸考補說」，刊於「大阪府立大學紀要」七。

㈢ 參拙撰，「慧皎高僧傳及其神異性格」，刊於「中華學苑」第二十六期。

㈣ 牧田諦亮，「三厨經と五厨經」，收於「疑經研究」（京都、京都大學人文科學研究所，一九七六）頁三四五－三六八。

㈤ 小南一郎氏曾從早期厨會說作說解，參「『漢武帝內傳』の成立」，收於「中國の神話と物語り」，頁三六四－三九一。

㈥ 參拙撰，「漢武內傳的著成及其流傳」。

㈦ 此一觀念得自天師府北區辦事處(臨水宮)，見吳彩光大法師所藏的科書，特此誌謝。

㈧ 丁貽庄，「試論葛洪的醫學成就及其醫學思想」刊於「宗教學研究」(一九八五)。又安藤維男，「葛仙翁『肘後備急方』について」刊於「東方宗教」四一(一九七三、四)。

# 十四、結　論

在中國道教史上，葛洪的成就是多方面的，他是道教理論的學者：綜合古來仙經道書的神仙養生說，整理出一粗具規模的體系，對於後來的道教發展具有高度的啓發作用。同時，他也是實踐多種養生術的實行家；在醫學上，依據臨床經驗編寫玉函方、肘後救卒方，爲當時及後世醫家提供良好的借鏡；而在煉丹的不同項目中，也都具有卓越的貢獻。

造就葛洪在神仙道教學上的傑出成績，就是東晉前後的句容，及爲搜書所作的長時間的旅遊。東西晉之際，是道教史的關鍵時期，天師道本在中原舊區擴展其道治，將蜀中所形成的布教方式，帶入關中，漸及中原；但西晉末爲避戰亂，道教中人也紛紛南下，因而在江南地區傳播道法，左慈所傳的成爲葛氏道，而魏華存也傳下經典，成爲上清經派；此外，在江南各自傳法的，還有帛家道、李家道等，道派紛起，使葛洪有機緣接觸各種道法，也促成其採取博綜主義的養生論，但又以金丹修煉爲依歸。

句容地區爲宗教氣氛極爲濃厚的所在：葛氏在句容定居，成爲江南舊族；而其姻親之一即爲許氏，許家上承魏華存、楊羲，奠立上清經派的規模，並以茅山爲中心，逐漸建立茅山道法的基礎。葛洪久居句容，自是熟悉本地流傳的道法；又因搜書，流遠各地，尤其久住廣東，成爲晚年定居羅浮的契機。道教教理史上早期有三皇經、靈寶經及上清經，葛洪大多有機會學習、運用，所以「抱朴子」內篇的撰述是在特殊的時、地等條件的配合下，才能完成的集大成之作。

葛洪身處於魏晉玄學的論辯風尚中，他本人雖不預於談座，且批判其流弊。但當時嵇康的養生論爲過江前後的三大名理之一，爲辯道所需，因而培養出「精辯玄賾，析理入微」的無礙辯才。「抱朴子」正是採用當時盛行的論難體寫成，自問自答，抉發幽隱。基於他的思辯能力，內篇原本的結構就相當周備而富於推理的形式，現在重加整理，也大體依循其理論架構。由於神仙之學非屬葛洪一家之言，而是在漢晉之際的神仙養生學中完成之作，因而需要闡說有關養生的理論與方法，及其所以形成的東晉前後仙道思潮的關係，借以彰顯葛洪養生論的價值。

漢代舊學的衰微，魏晉新學的興起，葛洪在新舊交替之際有所取捨：就是以承襲舊學爲本，但也吸收老、莊諸學的形上理論，因而建立其玄、道的本體論，並進一步奠定其氣化的宇宙構成論、形神並重說，成爲有本有源之學。他依據自身建構的理論，形成一種宗教般的信念，深信神仙可學而致。爲建立這一命題，他多方依據相關的變化說，並多引例證作爲推理之用：其中有先天的星命說，有後天的修爲說：內篇所擬的篇目中，對俗、塞難、釋滯、明本、辨問、極言等，都具有論辯的色彩：主要的對象自是倡理性主義的儒家，及一般茫無主見的俗人，他反覆申辯，一再解說世俗公認的聖賢不得仙的道理；並爲有志求道者開出勤求明師，勵修德業，作爲實踐養生的根基。

葛洪所採的養生論，是現實的、實踐的，屬於自力主義，因而批判當時虛僞的道流、道派。凡褊狹的養生說、他力的祭禱說，以及虛妄的俗道士，俱在其攻擊之列。他所博綜而成的養生術，約可歸爲三大類：

一爲不傷不損的原則：在氣、血的醫學思想中，屬於預防醫學。道家的齋心靜慮爲其根本工夫，所以葛洪並非排斥老莊：他批評老莊，只是因爲當時的養生術進步而落實，只虛談抽象的養生，正是魏晉玄學家的大病。其次法術論，也可作爲不傷不損的原則，預防精怪的作害，也是煉丹的基本條件。

二爲外物的服食：凡金丹以至仙藥，都是借助外物的服食，傳達其力。葛洪在巫術性思考方式中，將素樸的化學變化神秘化；因而確信越具有巫術色彩之物，如金、玉等礦物，久壽的動物，及具有特殊藥性的植物，都具有不可思議的能力。在早期的科學史上，葛洪是具有相當豐富的科學知識，尤其是經搜羅整理的金丹、黃白術，是中國早期最可珍貴的化學資料，在世界的科學發展上，他的貢獻，連同與他相類的道士，都是值得給予肯定的地位，這就是爲何近代科學史家，如英國李約瑟、日本吉田光邦，美國席文(Natham Sivin)，對於道教的價值給予重估的原因。

三爲氣功的修煉：外丹的重估，其價值在歷史文化上的貢獻較大；而氣功所形成的內丹派，則是中國最可寶貴的身體文化，在現代科技發展至相當高度時，越能顯現其現代意義：以一種高效率的身心運動的方式，達到健壯身心的效果。內篇中所整理的養生術，無論是導引吐納、行氣胎息，房中寶精，以至行一三田，基本上都是屬於氣功，道教特別造出「炁」字，表達先天之氣的運轉狀態。這種氣機流動於自身之中，在放鬆、入靜、深呼吸的氣功原則下。常能激發人類潛在的能量。道教在亞洲的古國中，在印度瑜珈系統之外獨立發展出一套完整的身心醫學——其後中印合流，自是更爲精緻而繁複。而葛洪所保存的是較爲素樸而原始的狀態，可讓今人瞭解中國早期的身體文化。

其次則爲有關法術、神通諸術，它是輔助修道的衞家防身之術，同時也是道成圓滿之後變現自在的神通力。道教承襲、轉化古來的巫術、方術，也含融外來佛教的新說，因而形成道教的各種法術、神通，這些具有特異色彩的能力，葛洪多述其然，而未明言其所以然，這是基於巫術、法術的秘傳性格使然。惟「抱朴子」內篇所述的原則，配合「神仙傳」的例證，類此的奇能，固可視爲傳說，成爲豐富中國文學藝術的奇異情境；也可說是中國道教藝術的原始、素樸的形式。其實，類似的超能，已成爲當今宗教學家、科學家想一探其究竟的人類奧秘。這樣，內篇所保存的就不只是歷史史料，也是人類尋求開發的能力的寶藏。

探求不死，是人類亙古以來的夢，神仙道教則是不死長生的神話創造者。誠如葛洪在書中所揭示的，「勤求」就是修道者的精神，爲了完成神仙的理想與願望，這些道士跋涉山林，隱居靜室，或伏煉丹房，希望體驗一種逍遙任意、去留自在的神仙境界。他們所遺留下來的玉簡金章，本來是藏諸名山廟堂，或是秘傳於道士手中，葛洪辛勤搜求，達二十餘年，其間的經營、構思，雖流連困頓於道路，絕不稍懈。此外，他還需容忍來自世俗、儒家的譏諷與不解，終於整理成「抱朴子」內篇：抱朴自守是葛洪的自號，也是撰述的旨趣。「道家」之學正是一種抱朴自守之學，書中所說的修道者需要捨棄人間一些有形的物質的享受，舉凡男女、飲食之大慾，都要節制，甚或逐漸捨離。然後向內在、超越的世界去體驗，葛洪強調這是本、源，只有明本，才能進入奧秘的神仙世界。

因此，葛洪所撰的「抱朴子」內篇，具有多方面的價值，在科學史上，無論醫藥、化學以及早期的礦物、植物等，俱是珍貴的實驗報告。在學術史上，兩漢舊學在衰微之際，經他援引、闡述，轉化爲道教之學，論魏晉學術史這是不可忽視的子書。而在宗教史上，「抱朴子」內篇對於教理的整備，即是集大成，又能啓示來者，因而能啓發如陶弘景等一類具有宿慧者，開啓道教的基業。故可說葛洪及其抱朴子內篇，確是具有里程碑作用的一家之言。

# 後記

「不死的探求」一書，是筆者十年來從事道教研究的一部分結集，比較正確的書名，應該是「葛洪及其抱朴子內篇」。選用「不死的探求」，是因爲十年前開始嘗試以道教爲專題研究時，就有幸閱讀馬伯樂（Mespero）「道教」（Le Taoïsme）的日譯本，川勝義雄就是以它爲名，顯豁而有力，因而這次介紹葛洪其人其書，也就依而用之。

選擇道教與中國文學之關係作爲研究的課題，是王師夢鷗的指示：民國六十四年考入政大中文研究所時，王先生命以此爲題，先以魏晉南北朝爲範圍，探討道教與文學的關係。後來由羅師宗濤擔任指導，完成博士學位論文，其中有一部分卽與抱朴子有關。十年來在道教的研究中，備嘗艱辛，但也一再受到師長的鼓勵，因而能繼續擴展研究的範圍。這一次專以葛洪及其抱朴子爲題，作較全面的介紹，因而結集成書，實在感謝師長的提携與鞭策。

從選擇道教作爲研究的方向，十年來，自己也在研究範圍及方法上，不斷調整。因爲道教的研究，國內從事斯學的較少，而國外漢學界則已漸成氣候，這期間有機會與國內、外的前輩與同好請益，因此也不斷地自我調整。其中有些觀念的衝激，是大有益於道教研究的深入的。對於道教這種在本土發展的宗教，十年前雖也曾接觸，但終究未曾深入探究，選定爲學術研究之初，也多集中於文獻的考察；後來深覺需要作些實際的觀察，所以數年來不斷地從事田野調查的工作，偕同國內外的同道參觀訪問過不少地方，多能得到許多意想不到的收穫：像北區天師府辦事處（臨水宮）、道教協會，以及臺灣北部的堂、壇等，這些仍舊活躍的道教團體，給予許多文獻上不能瞭解的眞實經驗。對於他們的幫忙，特此誌謝。這次只運用了其中一部分的資料而已，希望以後能多作整理。

葛洪在「抱朴子」內篇中有許多有關修練的養生術，這次雖只在文獻上加以介紹，但有些詮釋則與體驗有關。從十年前在師大讀書以來，先後隨郭秉道、鄧時海教授學習太極拳，對於氣的運用有些體驗。研究、調查期間又繼續有機緣得遇明師指點，在氣功與太極拳方面有些體會：像王師父（來靜）、熊師父（衞）都曾指示寶貴的經驗，有助於葛洪養生術的詮釋，確是「宏恩重施」，證驗親切。只是道功浩瀚，而自己的體驗只是初步而已，希望將來能繼續在文獻與實踐上齊頭並進。

「抱朴子」的研究，在國內也有些同好，比較起來，自己目前所作的，是從道教史觀照其人其書，自有些方便之處。因爲書將出版，有些事需要趁此機會表示謝意與說明。自學位論文在民國六十七年，以「魏晉南北朝文士與道教之關係」爲題，先以稿本狀態印行後，曾經テリー・クリーマン與山田利明氏在「東方宗教」作一書評；尤其宮川尚志先生兩次推介有關許遜的考察的部分，實在感謝。不過也有朋友提及林麗雪「抱朴子內外篇思想析論」的內篇，有些原始資料與論點有累同之處。經查對之後，確有一部分相近。林女士曾商借論文稿本作參考，然後在六十九年修訂其原發表的論文出版。遺憾的是該一析論作注的方式稍嫌疏略，未能詳加作注，因而不易辨明何者是參自別人的，何者爲一己之創獲，如果嚴謹一些就不會引起朋友的這一質疑。因爲「不死的探求」出版在卽，爲免讀者懷疑本書有抄襲之嫌，故在此略作聲明。

本書撰述期間，深刻體會寫稿的辛苦，所謂案牘勞形，信然。但也深切體會到師友、家人的關懷之情：任敎於日本的王孝廉兄，將御手洗勝先生四大厚册的「抱朴子外篇簡注」，特意携歸相贈。而留學東洋大學的謝明玲小姐，在金岡照光教授指導下忙於撰寫修（碩）士論文時，仍多次辛苦地幫忙搜集資料，這些盛情均謹記於心中。還有多位外國友人幫忙影印郵寄資料，都是值得紀念的事。最後要特別感謝家人，爲讓出安靜的寫作環境，他們多所犧牲，尤覺歉然。因此趁此書出版之際，謝謝大家的幫忙。一本書的完成，原是凝結多少關注而後始能成形，這大概也是另一種形式的煉丹吧！

「中國歷代經典寶庫」《青少年版》出版的話

# 一個中國古典知識大衆化的構想

◉高上秦

許多討論或研究中國文化的學者，大概都承認一樁事實：中國文化的基調，是傾向於人間的；是關心人生，參與人生，反映人生的。我們的聖賢才智，歷代著述，大多圍繞著一個主題，治亂興廢與世道人心。無論是春秋戰國的諸子哲學，漢魏各家的傳經事業，韓柳歐蘇的道德文章，程朱陸王的心性義理；無論是貴族屈原的憂患獨歎，樵夫惠能的頓悟衆生；無論是先民傳唱的詩歌、戲曲、村里講談的平話、小說……等等種種，隨時都洋溢著那樣強烈的平民性格、鄉土芬芳，以及它那無所不備的人倫大愛；一種對平凡事物的尊敬，對社會家國的情懷，對蒼生萬有的期待，激盪交融，相互輝耀，繽紛燦爛的造成了中國。平易近人、博大久遠的中國。

可是，生爲這一個文化傳承者的現代中國人，對於這樣一個親民愛人、胸懷天下的文明，這樣一個塑造了我們、呵護了我們幾千年的文化母體，可有多少認識？多少理解？又有多少接觸的機會，把握的可能呢？

一般社會大衆暫且不提，就是我們的莘莘學子、讀書人，受了十幾年的現代教育以後，究竟讀過幾部歷代的經典古籍？瞭解幾許先人的經驗智慧？當年林語堂先生就曾感嘆過，現在的大學畢業生，連「中國幾種重要叢書都未曾見過」，遑論其他？

特別是近年以來，升學主義的壓力，耗損了廣大學子的精神、體力；美西文明的風行，導引了智識之士的思慮、習尚；電視、電影和一般大衆媒體的普遍流通，更造成了一個官能文化當道，社會價値浮動的生活形態。美國學者雷文孫所說的當代世界是一個「沒有圍牆的博物館」，固然鮮明了這一現象，但眞正的問題，却在於我們的根性尚未紮穩，就已目迷五色的跌入了傳播學者所批評的「優勢文化」的輻射圈內，失去了自我的特質與創造的能力。

何況，近代的中國還面對了內外雙重的文化焦慮。自內在而言，白話文學運動固然開發了俚語俗言的活力，提升了大衆文學的地位，覺悟到社會羣體的知識參與力，却相對的減損了我們對中國古典知識的傳承力；以往屬於孩童啓蒙的「小學」教育，屬於讀書人必備的「經學」常識，都在新式教育的推動下，變得無比艱澀與隔閡了。自外在而言，五四以來的西化怒潮，不斷開展了對西方經驗的學習，對傳統意識的批判，意興風發的營造了我們的時代感覺與世界精神，爲我們的現代化打下了一定程度的基礎；它也同時疾風迅雨般衝刷著中國備受誤解的文明，削弱了我們的文化認同與歷史根源，使我們在現代化的整體架構上模糊了著力的點，漫漶了精神的面。

將近五十年前，國際聯合會教育考察團曾對我國教育作過一次深入的探訪，在報告書中，一針見血的指出：歐洲力量的來源，經常是透過古代文明的再發現與新認識而而達至；中國的教育也理當如此，才能眞實發揮它的民族性與創造性。

事實上，現代的學術研究，也紛紛肯定了相似的論點。文化人類學所剖示的，每一個文化都有它的殊異性與持續性；知識社會學所探討的，一個文化的强大背景與典範人物，常常是新一代創造者的「支援意識」的能源；而李約瑟更直截了當的說，除了科技以外，其他文化的成果是沒有普遍性的。在這裏，當我們回溯了現代中國的種種內在、外在與現實的條件之餘，中國文化風格的深透再造，中國古典知識的普遍傳承，更成了炎黃子孫無可推卸的天職了。

「中國歷代經典寶庫」青少年版的編輯印行，就是這樣一份反省與辨認的開展。

在中國傳延千古的史實裏，我們也都看到，每當一次改朝換代或重大的社會變遷之餘，都有許多沈潛會通的有心人站出來，顚沛造次，心志不移的汲汲於興滅繼絕的文化整理、傳道解惑的知識普及——孔子的彙編古籍、有教無類，劉尚的校理衆書、編目提要，鄭玄的博古知今、遍註羣經；乃至於孔穎達的「五經正義」，朱熹的「四書集註」，王心齋的深入民衆、樂學教育……他們或以個人的力量，或由政府的推動，分別爲中國文化做了修舊起廢、變通傳承的偉大事業。

民國以來，也有過整理國故的呼籲、讀經運動的倡行；商務印書館更曾經編選印行了相當數量、不同種類的古書今釋語譯。遺憾的是，時代的變動太大，現實的條件也差，少數提倡者的陳義過高，拙於宣導，以及若干出版物的偏於學術界或知識份子的需要；這一切，都使得歷代經典的再生，和它的大衆化，離了題，觸了礁。

當我們著手於這項工作的時候，我們一方面感動於前人的努力，一方面也考慮了當前的需求，從過去疏漏了的若干問題開始，提出了我們這個中國古典知識大衆化的構想與做法。

我們的基本態度是：中國的古典知識，應該而且必須由全民所共享。它們不是知識份子的專利，也不是少數學人的獨寵，我們希望它能進入到大衆的生活裏去，也希望大衆都能參與到這一文化傳承的事業中來；何況，這些歷代相傳的經典，又有那麼多的平民色彩，那麼大的生活意義——說得更澈底些，這類經典，大部份還是平民大衆自身的創造與表現。大家怎麼能眼睜睜的放棄了這一古典寶藏的主權呢？

爲此，我們邀請的每一位編撰人，除了文筆的流暢生動外，同時希望他能擁有古典的與現代的知識，並且是長期居住或成長於國內的專家、學者，對當前現實有一適當的理解與同情。在這基礎上，歷代經典的重新編撰，方始具備了活潑明白、深入淺出、趣味化、生活化的蘊義。

也是爲此，我們首先爲這套書訂定了「青少年版」的名目。我們也曾考慮過一些其他的字眼，譬如「國民版」、「家庭版」等等，研擬再三，我們還是選擇了「

青少年版」。畢竟，這是一種文化紮根的事業，紮根當然是愈早愈好。在最有吸收力、閱讀力的年歲，在最能培養人生情趣和理想的時候，我們的青少年朋友就能與這些清澈的智慧、廣博的經驗爲友，接觸到千古不朽的思考和創造，而我們所謂的「中國古典知識大衆化」，才不會是一句口號。

這也意味了我們對編撰人寫作態度的懇盼，以及我們對社會羣體的邀請。但願透過這樣的方式，讓中國的知識、中國的創作，能夠回流反哺，回到每一個中國家庭裏，使每一位具有國中程度以上的中華子民，都喜愛它、閱讀它。

我們深深明白中國文化的豐美，它的包容與廣大。每一時代，每一情境，都有不同的創作與反省；它們或驚或嘆、或悲或喜，或溫柔敦厚、或鵬飛萬里，雖然形式多端、訴求有異，卻絲毫無損於它們的完美與貢獻。這也就確定了我們的選書原則：盡可能的多樣化與典範化。像四庫全書對佛典道藏的排斥，像歷代經籍對戲曲小說的貶抑，甚至多數人都忽略了的中國的科技知識、經濟探討、敦煌遺墨，都是我們所不願也不宜偏漏的。

就這樣，我們在時代意義的需求、歷史價值的肯定、多樣內容的考量下，從廿五萬三千餘册的古籍舊藏裏，歸納綜合，選擇了目前呈現在諸位面前的六十五部經典。這是我們開發中國古典知識能源的第一步，希望不久的將來，我們能繼續跨出第二步、第三步……

我們所以採用「經典」二字為這六十五部書的結集定名，一方面是——說文解字所解釋的，「經」是一種有條不紊的編織排列；廣韻所說的，「典」是一種法，一種規則。它們的交織運作，正可以系統的演繹了中國文化的風格面貌，給出我們日常行為的規範，生活的秩序，情感的條理。另一方面——也是採用了章太炎先生的說法：它們是「當代記述較多而常要翻閱的」一些書。我們相信，中國文化的恢宏壯麗，必須在這樣的襟懷中才能有所把握。

與這個信念相表裏，我們在這六十五部經典的編印上，不作分類也不予編號。這套經典對我們是一體同尊的，改寫以後也大都同樣親切可讀，我們企冀於提供的，是一套比較完備的古典知識。無論古代中國七略四部的編目，或現代西方科技分類的正名，都易扭曲了它們的形象，阻礙了可能的欣賞，這就大大違反我們出版這套書的諦旨了。

但在另一重意義上，我們却分別為舊典賦予了新的書名，用現代的語言烘托原書的精神，增進讀者對它的親和力；當然，這也意味了它是一種新的解釋，是我們以現代的編撰形式和生活現實來再認的古典。

也是在這種實質的，閱讀的要求下，我們不得不對原書有所去取，有所融滙與變通。譬如，原典最大的「資治通鑑」，將近三百卷的皇皇巨著，本身就是一個雄偉的書中帝國，一般大衆實難輕易的一窺堂奧。新版的「帝王的鏡子」做了提玄勾要的梳理，形式也類同袁樞「通鑑紀事本末」的體裁，把它作了故事性的改寫，雖然字數濃縮了，却在不失原典題旨的照顧下，提供了一份非專業的認知。其他的部份經典，也有類似的寫法。這方面，歐美出版界倒有不少可供我們借鑑的例子。遠的不談，就以湯恩比的「歷史研究」來說，前六册出版了未及十年，桑馬威爾就爲它作了濃縮至六分之一的大衆節本，暢銷一時，並曾獲得湯氏本人的大大讚賞。我們的作法雖不必盡同，但精神却是一致的。

再如原書最少的老子「道德經」，這部被美國學者蒲克明肯定爲未來大同世界家喻戶曉的一部書，短短五千言，我們却相對的擴充、闡釋，完成了十來萬字的「生命的大智慧」。又如「左傳」、「史記」、「戰國策」等書，原有若干重疊的記述，經過編撰人的相互研討，各有删節，避免了雷同繁複。……由於歷代經典的繽紛多彩，體裁富麗，筆路萬殊，各編撰人曾有過集體的討論，也有過個別的協調，分別作成了若干不同的體例原則，交互運用，以便充分發皇原典精神，又能照顧現實需要，爲廣大讀者打出一把把邁入經典大門的鑰匙。

無論如何，重新編寫後的這套書，畢竟仍是每一位編撰者的心血結晶，知識成果。我們明白，經典的解釋原有各種不同的學說流派，在重新編寫的過程裏，每一位編撰者的參酌採用，個人發揮我都寄寓了最高的尊重。

除了經典的編撰改寫以外，我們同時蒐集了各種有關的文物圖片千餘幀，分別編入各書。在這些「文物選粹」中，也許更容易讓我們一目了然的感知到中國：那樣樸素生動的陶的文化，剛健恢宏的銅的文化，溫潤高潔的玉的文化，細緻優美的瓷的文化；那些刻寫在竹簡、絲帛上的歷史，那些遺落在荒山、野地裏的器物；那些意隨筆動的書法，那文章，那繪畫……正如浩瀚的中國歷代經典一般，那一樣不足以驚天地而泣鬼神？那一樣不是先民們偉大想像與勤懇工作的結晶？看起來，它們是一幅幅獨立存在的作品，一件件各自完整的文物，然而它們每一樣都代表了中國，都煥發出中國文化綿延不盡的特質。它們也和這些經典的作者一樣，是彼此相屬、相生、相成的。

這套書，分別附上了原典或原典精華，不只是强調原典的不可或廢，更在於牽引有心的讀者，循序漸進，自淺而深。但願我們的青少年，在擧一反三、觸類旁通之餘，更能一層層走向原典，去作更高深的研究，締造更豐沛的成果；上下古今，縱橫萬里，爲中國文化傳香火於天下。

是的，我們衷心希望，這套「中國歷代經典寶庫」青少年版的編印，將是一扇現代人開向古典的窗；是一聲歷史投給現代的呼喚；是一種關切與擁抱中國的開始；它也將是一盞盞文化的燈火，在漫漫書海中，照出一條知識的，遠航的路——

也許，若干年後，今天這套書的讀者裏，也有人走入這一偉大的文化殿堂，與先聖先賢並肩論道，弦歌不輟，永世長青的開啓著、建構著未來無數個世代的中國心靈！

歷史在期待。

（民國六十九年歲末於臺灣臺北）

**附記**：雖然，編輯部同仁曾盡了最大的力氣，但我們知道，這套書必然仍有不少缺點，不少無可避免的偏差或遺誤。我們十分樂意各界人士對它的批評、指正，這不僅是未來修訂時的參考，也將是我們下一步出版經典叢書的依據。

# 總目錄

## 袖珍本50開中國歷代經典寶庫59種65冊

# 總目錄

## 袖珍本50開中國歷代經典寶庫59種65册

國立中央圖書館出版品預行編目資料

抱朴子：不死的探求 / 李豐楙編撰. -- 二版.
-- 臺北市：時報文化, 1994[民83]
冊；　公分. -- (開卷叢書. 古典系列)(中國歷代經典寶庫；63-64)
ISBN 957-13-1484-6(下冊：50K平裝)

1.（晉）葛洪 - 學術思想 - 哲學

123.42　　83011326